국제문화소통과
글로벌 영어

조일제 지음

도서출판 서훈

머리말

오늘날과 같이 국제적으로 외국인들과의 교류가 매우 빈번하고 활성화되어 있는 시대를 살아가는 우리에게는 인간 커뮤니케이션의 구조, 원리, 기술을 올바르게 이해하고 적용하는 것이 요구된다. 국제교류의 장을 통해 면대면의 대인적 의사소통에서 혼란과 오해와 피로를 겪지 않고 만족스러운 결과를 얻을 수 있어야 한다. 긴박하게 처리해야 할 직업적 업무들이 쏟아지고 있고 다양한 외국인들과 만나서 의사를 교환하고 소통해야 할 때 원활하고 올바른 의사 교환과 소통을 할 수 있기 위해서는 대인적인 관계뿐만 아니라 문화 간의 커뮤니케이션을 올바르고 효과적으로 사용하는 기술은 필수적인 사항이라고 할 것이다. 이러한 교류와 커뮤니케이션에는 단지 외국어 사용의 언어적 기술만이 문제가 되는 것은 아니다.

지금의 국제사회는 하나의 지구촌(global village)처럼 네트워크화 되어있는 만큼 외국의 사람들과 여러 가지 목적과 사유로 서로 만나서 의사 전달과 교환을 빈번하게 해야 하는데 그들과의 상호교류와 상호소통에 있어서 발생할 수 있는 여러 가지 장애와 오해, 갈등과 불화 등을 사전에 예방할 수 있는 지식과 기술이 요청된다. 문화가 서로 다른 외국 사람들과 교류를 하면서 의사소통을 수행하는 대인관계적인 틀(frame)과 과정(process)은 "문화 간 소통"(cross- or inter-cultural communication)이라는 수준에서 상당히 많은 연구가 이루어지고 있다. 이러한 대인적 그리고 문화 간의 소통과정을 올바르게 이해하고 효과적으로 수행하기 위해서는 인간 커뮤니케이션의 본질을 잘 이해해야 하고, 자아와 타인의 지각, 사회적 자아의 지각 등에 관한 기초적인 지식이 필요하다. 그리하여 '지피지기(知彼知己) 백전백승(百戰百勝)'이라는 병가의 금언은 글로벌 시대를 살아가는 사람들에게 이제는 누구에게나 꼭 필요한 가치와 신념이 되었고, 국제교류와 외국인과의 의사소통이 일상적으로 이루어지는 상황에서는 더욱 절실한 원리가 되었다.

미국이나 영국과 같은 서구의 여러 선진국들의 경우처럼 우리 한국에서도 국제결혼이 늘어나고 있고, 다문화 가정을 통한 여러 문제들이 중요한 사회적 쟁점으로 계속 급부상하고 있는 상황이다. 국제적으로나 국내적으로나 '문화 간 소통'(cross- or inter-cultural communication)에 관한 관심이 증대하고 있으며, 서로 다른 문화 간의 소통을 위한 효과적인 커뮤니케이션 전략과 방안에 대한 연구와 교육의 필요성이 한층 더 높아가는 실정이다. 이러한 시대적 분위기를 고려할 때 문화 간 소통과 관련된 내용을 체계적으로 정리하여 고등교육과정을 통해 교육할 수 있는 연구서와 교재의 개발이 요청된다. 이 책은 이러한 목적을 이루기 위해 집필되었다.

이 책이 내용적으로 많이 미흡하지만 글로벌 시대의 문화 간 교류와 소통 분야에서 단순한 외국어 사용의 한계를 넘어서 다양한 문화적 요인들이 개입되는 이러한 문화 간 커뮤니케이션 능력의 함양을 위해 조금이나마 도움을 줄 수 있기를 소망한다. 아울러 출판업계의 어려움이 큼에도 불구하고 이 책의 출간을 기꺼이 허락해 주신 고우용 사장님께 깊은 경의를 전하는 바이다.

2013년 8월 1일
금정산 기슭의 연구실에서
저자 조일제

목차

1

글로벌 문화의 다양성과 문화 간 소통과 문화적응

여러 나라 사람들과의 국제 교류와 문화적 소통이 활발한 글로벌 시대를 살아가는 현대인들은 인간 커뮤니케이션의 본질을 올바르게 이해하고, 문화 간 커뮤니케이션의 효과적인 기술을 익히도록 많은 관심과 노력을 기울일 필요가 있다. 윌리엄 윌못(William W. Wilmot)의 저서 『인간 커뮤니케이션의 이해』(*Dyadic Communication*)은 커뮤니케이션의 실제상황에 관련된 종합적인 이론과 연습문제들을 제시하여 큰 도움을 준다. 윌못은 2인조 커뮤니케이션에서 아주 중요한 역할을 하는 것이 상대방을 지각하는 것이라고 강조한다.

상대방을 지각하는 것은 관계가 어떻게 진행될지를 결정짓는 중요한 요소이다. 타인의 지각은 자아의 지각과 마찬가지로 커뮤니케이션 상황에서 부여되는 의미에 큰 영향을 미친다. 우리가 부여하는 의미가 우리 자신의 반응을 결정하는 것처럼 우리는 다른 사람에게 부여한 의미를 근거로 하여 상대방에 대한 행동을 취한다(윌못, p.126). 그런데 정보의 근원은 자기 내부적인 것과 외부적인 것의 두 가지로 나눌 수 있으며 어떤 정보가 내부적인가 외부적인가에 따라서 자신과 타인의 행동에 특정한 의미를 부여하게 된다. 커뮤니케이션은 사회적인 관계이기 때문에 타인의 이해를 올바르고 정확하게 할 때 상호간의 오해와 차이를 해소할 수 있다(같은 책, p.128). 윌못에 의하면 자아개념은 본질적으로 사회적이다. “우리는 타인과의 커뮤니케이션의 상호교환을 통해 우리의 자아개념을 만들어 간다.”(p.95). 우리의 정체성은 우리가 맺고 있는 타인과의 관계 속에서 형성될 수 있다. 이와 같은 점에서 볼 때 문화가 서로 다른 외국인과의 의사소통을 할 경우, 우리는 상대방 타자의 이해와 그 성장배경을 이루는 타국의 문화를 먼저 이해해야 하는 것이다. 인간은 자기중심적인 생각에 빠지는 것이 일반적인 경향이기 때문에 외국인과의 교류와 커뮤니케이션에서 서로의 문화는 다를 수 있으며 차이가 있을 수 있다는 사실에 늘 주의를 기울이지 않으면 안 된다.

이 장에서는 문화의 다양성과 문화 간 적응의 문제, 다문화 교육의 필요성, 문화 간 차이와 오해, 문화와 관련된 언어적, 비언어적 의사소통 등의 문제를 다룰 것이다.

1) 지구촌의 문화 다양성, 문화적응, 다문화 교육

미국인의 개인주의와 사생활(individualism and privacy)은 일본과 비교해 보면 확연한 차이가 있음을 알 수 있다. 여기 일례가 있다. 사업가 일본인은 미국인을 공항까지 마중 나와서 미국인을 아주 친절하게 보살피고 배려하면서 곁을 떠나지 않는다. 그러나 어떤 시점이 지나면 미국인은 혼자 있기를 오히려 원한다. 미국인의 이러한 사고방식은 프라이버시를 소중하게 여기는 것에서 나오기 때문에 혼자 있도록 해주는 것이 배려이고 친절인 것이다. 두 문화 간에 이처럼 놀라운 차이가 존재한다.

> Some foreigners do not understand American "brand" of privacy. As an example, what sometimes happens when American business people go to Japan. Their Japanese counterparts meet them at the airport, and often, from the beginning of the trip to the end, they take care of the Americans, rarely leaving them alone. After a certain point, many Americans feel that they want to be alone and that they need more privacy. It is not uncommon to hear an American say something like, "They are really nice and friendly, and they take good care of me, but I just want some time to myself."
>
> (Deena R. Levine & Mara B. Adelman, *Beyond Language: Cross-Cultural Communication*. White Plains, NY: Prentice-Hall, Inc., 1993. pp.14-15)

이러한 일본인의 행동은 한국인과 크게 다르지 않다. 이러한 행동에 대한 미국인의 논평을 들어보자.

> Americans want and value privacy. Privacy, to an American, does not mean isolation or loneliness. However, this is sometimes the way it is interpreted by people of different cultures. Certain languages, such as Arabic, Russian, and Japanese, do not even have an exact word for privacy. It does not mean that these cultures have no concept of privacy. However, when and how privacy is expressed may be different from when and how the "American" concept is expressed. Americans may feel the need to give people their privacy or to have their own privacy at times when a person from another culture might not feel the need. In some American homes, parents and children do not enter each other's rooms without first knocking. This

> emphasis on privacy exists because individuals feel that their needs must be respected. In contrast, in group-oriented societies people respect the needs of the group before considering those of the individual. (같은 책, p.15)

다른 한편으로 미국인의 평등과 평등주의(equality and egalitarianism)에 관한 사고방식을 살펴보면, 미국인들은 만민평등 사고를 가지고 있기 때문에 그래서 회사 내에서 상관을 대할 때 그의 이름을 부르는가 하면 사장과 때때로는 마음을 터놓고 농담을 할 수도 있다. 이것은 회사나 정치계의 모든 수준에서 일어난다. 한국이나 일본의 문화와 비교할 때 판이하게 다른 사실이다.

> Americans, unlike many people from other cultural groups, like to present an image that everyone is equal. For example, employees often call their bosses by their first names and can even sometimes joke freely with the president of the company. This informal behavior and communication occur among people at all levels in the business and political worlds. Obviously, however, the company president has more power than a lower-level employee (not to mention a higher salary!). Despite this, many Americans choose not to be overly polite and formal with a person of a higher status. Instead, many Americans would rather think of the boss as an equal. In other words, the American tendency is to minimize status differences rather than to emphasize them. (같은 책, p.15)

미국인의 미래 지향성(future orientation)의 사고방식은 다른 여러 나라들과 큰 차이를 보인다. 미국인은 일반적으로 과거보다는 미래를 지향한다. 많은 미국인들은 낙관적이어서 삶의 발전과 변화를 이끌 수 있다고 느끼는데, 이것은 환경을 본인의 힘으로 통제할 수 있다고 보는 믿음에 관련된다. 이러한 믿음은 멕시코인, 필리핀인, 아랍인들의 운명론적 사고방식과는 차이가 있는 것이다.

> Americans, on the whole, look to the future rather than the past. Traditional and ritual, reminders of the past, play a small part in most Americans' daily lives. There is instead a focus on progress and change, goals that many Americans try to achieve. Many people feel optimistic that they can be responsible for some progress and change (however small) in their lives. This is also related to the American belief in personal control over one's environment (and one's life), and the emphasis on "doing" and acting.
>
> These American values are easier to understand in contrast to the beliefs of cultures in which fate plays a more important role. For example, you can often hear in Mexico, "Que será, será," or in the Philippines, "Bahala na" (both translate to "Whatever will be, will be"), and in the Arab world, "In sha'alla" (Whatever God wills"). Americans do not use such expressions nearly as often as members of some other cultures. (같은 책, pp.15-16)

미국인의 신체 만지기 행동 혹은 포옹하는 행동(touching or embrace)을 살펴보면, 유럽계 미국인은 멕시코계 미국인과 비교할 때 몸을 만지거나 포옹하는 행동을 거의 하지 않으며 엄격하게 제약된다. 두 사람 사이의 거리두기는 유럽계 미국인들이 멕시코계 미국인들보다 더 멀다는 것이 일반적이다. 두 문화 간의 차이가 현격한 것이다.

> It is difficult to make generalizations about American nonverbal communication. For example, touching behavior among Mexican-Americans differs from that among Anglo-Americans. For the Anglo-American, touching is more restricted. The Anglo-American male rarely touches or embraces other males. Distance is usually greater between men in the Anglo- American culture than between men in the Mexican American culture. (같은 책, p.129)

Edward Hall에 의하면, 전문직 백인 미국인들에게서 공간의 비격식적인(informal) 사용 범주는 네 가지로 분류된다. (같은 책, p.129)

For intimate friends	from actual physical contact to 18 inches
For friends and personal conversation	18 inches to 4 feet
For impersonal conversation	4 feet to 12 feet
For public speaking	12 feet or more

앞에서 살펴본 것처럼 세계의 문화는 각 나라마다, 각 민족마다 차이를 보이며 다양성을 가진다. 우리는 국제교류와 국제문화소통에서 이러한 다양성에 대한 이해를 깊게 해야 할 것이다. 국제신문사 문화부장 임성원에 의하면, 2013년 5월

21은 11회째를 맞는 '세계 문화다양성의 날'이다. 하루 전날인 5월 20일은 '세계인의 날'이며 이날부터 일주일은 '세계인 주간'으로 제정되어 있다고 한다. 국가기념일인 '세계인의 날'은 원래 '세계 문화다양성의 날'인 5월 21일로 지정될 예정이었지만 '부부의 날'이 날짜를 선점하는 바람에 하루 앞당겨졌다. 요컨대 5월 21일은 '세계 문화다양성의 날'이자 '세계인의 날'인 셈이다. 또 5월 22일은 '생물종 다양성 보존의 날'이다. 자연생태계든 문화생태계든 그러한 생태계는 다양성을 불가피한 본질로 한다. 유엔에서 1993년 '생물종다양성보존 협약'이, 2007년에는 '문화다양성 협약'이 각각 발효되었다. 이러한 다양성을 인정하고 존중하지 않으려는 데서 현대문명의 위기와 파국이 초래되고 있는 현실을 목도한다(임성원, '밀물 썰물' 2013.5.21).

오늘날 국제적으로 이민이나 다국적 기업, 유학, 사업 등으로 하여 거주지 국가에 정착민과 이주민으로 귀화하거나 국제결혼을 하는 세계인과 가정들도 점점 늘어나는 상황에서 글로벌화된 현대인들은 문화적으로 다양성을 수용하는 열린 마음을 가져야 할 것이다. 이제 세계인들은 서로가 함께 어울려서 살아가는 것의 가치를 소중하게 여기고 문화 간의 수용, 이해, 조화를 이루어 가는 데 큰 관심과 노력을 기울여야 하는 시대이다. 이와 관련하여 한국에서는 국제결혼으로 생겨난 다문화 가정들이 겪는 여러 어려움을 해소하고 문화적인 소통을 원만하게 이루도록 하기 위해 안내와 교육 서비스로써 도움을 주는 '다문화 센터'가 설립되어 각 지방자치 단체나 시민 단체들이 나서서 자원봉사 활동을 벌이고 있다. 나라와 민족마다 차이가 있는 문화 간 소통을 위해 더욱 효과적인 다양한 교육 프로그램이 계속 개발되고 운영되어야 한다. 문화적인 적응과 동화뿐만 아니라 문화 간의 상호적인 교류를 적절하게, 지속적으로 실행한다면 국민의 창의력과 상상력을 신장하는 데도 크게 기여할 것이다.

학생들에게는 문화의 다양성과 차이를 비교문화론적 관점에서 접근하는 교육과 학습이 필요하며, 문화적 차이와 오해가 반영된 여러 사례들을 모은 자료집(resource text)을 읽게 하고 후속적인 토론과 평가가 수반되는 교육과정이 필요하다고 본다.

인간은 자기들이 채택하는 사고와 행동은 완전한 것으로 판단하여 다른 문화권의 사람들도 자기들의 사고방식과 행동유형을 채택하고 있다고 생각하거나 그렇게 하기를 바라는 경향이 있기 때문에 문화 간에 오해나 불화가 불가피하게 일어난다. 한국처럼 단일문화권에서는 자기민족 중심적이 되어 다른 나라의 가치, 규범, 사고, 행동을 용인하려 하지 않으려는 경향이 강하다. 자기 나라 문화의 기존 틀에만 의존하여 상대방 나라의 문화를 해석하려고 한다면, 그리고 자기 나라 문화에만 집착하고 다른 나라의 문화를 배제하려는 사고방식을 고수한다면 오늘날과 같은 국제화, 세계화 시대에서는 국가 역량을 발전 성장시켜나갈 수가 없다.

2) 두 문화의 차이와 오해

만약 우리가 다른 나라의 문화적 내용에 관한 지식이 없다면 목표언어를 모국어적인 개념과 사고방식과 관련시킴으로써 잘못된 의미로 이해하거나 자기의 의사전달을 난해하게 한다. 사람들은 자기가 행하는 생각과 행동은 완전하다고 여기는 경향이 있기 때문에 다른 사람도 동일한 선택을 할 것이라고 생각하게 된다. 이러한 자기중심적인 사고방식은 문화 간의 오해가 일어나게 한다. 리버스(Rivers)는 『외국어 교육

기술』(*Teaching Foreign Language Skills* 1981)에서 이미 습득된 모국어의 언어적 지식은 목표언어를 학습할 때 장애요소가 될 수 있다고 언급했다. 외국어를 학습할 때 청화교수법(Audio-Lingual Method)에서는 이 점을 고려하여 구조주의 언어학자들(structural linguists)의 견해처럼 두 언어 사이의 구조적 차이를 대조분석(comparative analysis)하여 설명하도록 권장한다. 그러한 대조분석 방법으로 모국어와 목표어의 대립관계를 분석함으로써 두 언어 간의 차이점을 미리 인식하게 되어 그렇지 않았을 때 발생할 수 있는 의사소통과 의사전달의 장애를 해소할 수 있다고 본다.

아래와 같이 문화적인 차이로 인한 오해와 당혹감의 사례들을 살펴보자. 아래의 자료는 최현욱(1992)이 쓴 『영어교육과 실제』(서울: 한국문화사, pp.24-25)에서 옮긴 것이다.

사례 ☞ 1

한국인 초대자 A : "We have nothing to eat. Help yourself."

미국인 손님 B : "There is a lot left. Help yourself."

위 A는 한국인 초대자가 한미친선교환계획으로 한국에 방문한 미국인 손님을 집에 초대해놓고 주인으로서 짧은 인사말로 한 말이다. 식탁에 가득 차려놓은 음식을 보고 있는 미국인은 눈이 크게 둥글어졌다. 초대자가 한국식으로 잘못 생각한 표현으로 말했기 때문이다. 미국인이라면 B처럼 표현해야 자연스럽다.

사례 ☞ 2

"He has a big heart."

많은 한국인 대학생들은 위 문장을 용맹(bravery)으로 받아들였는데 관대함(generosity)로 이해해야 옳은 것이다.

사례 ☞ 3

"How much do you expect to get your harvest this year?"

이 사례는 이집트 정부의 초청으로 미국의 어느 농업전문가가 이집트를 방문하여 이집트 농부들에게 새로운 농경법을 지도하러 현지에 갔을 때의 일이다. 금년에 농장에서 예상되는 수확이 얼마나 되는 것 같으냐고 물은 것이다. 그 농부는 버럭 화를 내었고 그 미국인은 크게 당황했다. 그 후에 알고 보니 회교를 믿는 아랍계 문화권 사람들은 앞날을 예견하는 사람은 제 정신이 아닌 사람으로 취급당한다는 것이다. 그들에게는 신만이 미래를 알며, 미래에 관해서 논의하는 것조차 주제넘은 것이다. 이처럼 문화적 내용을 알지 못한다면 뜻하지 않은 오해를 할 수 있다. EFL 학도들은 문화적인 오해 때문에 생소한 글을 읽을 때 부정확한 가정을 하지만 그러나 적절한 문화적인 정보를 제공했을 때는 이해력이 증대되었다는 사실이 실험에 의해 증명되고 있다(Gatbonton & Tucker 1971, Yousef 1968). 스테펜센과 요악-데프 그리고 앤더슨(Steffensen, Joag-dev, and Anderson 1979)에 의하면, 문화적 배경에 관한 지식이 통사적 복잡성보다 영어 독해에 있어서 한층 더 결정적 요인이 될 수 있음을 보여주었다. 또한 어떤 글의 문화적인 자원(cultural resource)이 언어적인 복잡성보다 이해하는 데 훨씬 더 큰 영향을 준다는 것을 존슨(Johnson 1982)은 증명했다.

다음에 제시한 것은 두 나라 문화 간의 차이로 인한 오해와 불화와 비극이 발생하는 사례에 관한 것이다.

① 문화충격(cultural shock) 사례 : 한국과 미국 간 문화의 오해와 비극적 사건

아래에 소개하는 사례는 국제신문(2010.10.9), '아침숲길' 칼럼에 게재된 부산대학교 하창식 교수가 쓴 "가슴속의 돌개구멍"에서 국제 문화 소통상의 오해로 인한 법정 비화와 그 불행에 관한 내용을 발췌한 것이다. 한국인이 전혀 의도하지 않았는데도 예상하지 못하는 충격적인 문화적 오해가 어떻게 발생할 수 있는가 하는 사실을 볼 수 있다.

> 미국에 체재한지 얼마 되지 않은 시점이었다. 유학생들을 통해 알게 된, 한 교민으로부터 모종의 청원서에 서명을 부탁받게 되었다. 30년 형을 선고받고 영어의 몸이 된 한 교포 가장의 감형을 위한 청원서였다. 청원서에 서명을 해주었다. 전후사정을 전해 듣곤 큰 문화적 충격에 빠졌던 기억이 아직도 새롭다.
>
> 서로 호형호제하던 두 이웃이었지만 다툼 끝에 법정 소송에까지 이르렀다고 했다. 소송의 직접적인 원인에 덧붙여, 아주 오래전에 저질렀던 아동 성추행 사실이 가중처벌을 받게 된 이유라고 하였다. 기억도 나지 않는 옛날 일이라고 했다. 이웃 교민집 사내아이가 떼를 쓰며 울 때, "자꾸만 울면 고추 딴다." 하며, 귀엽다는 표시로 아랫도리에 손대는 시늉을 했던 일들이 큰 사건이 되어 고소장에 붙게 된 것이었다. 내가 어릴 적에도 친지 어른들로부터 대수롭지 않게 경험했던 그 한두 번의 손짓으로 말미암아 30년 형의 가중처벌을 받게 된 것이었다. 10여 년 전의 미국생활을 회상하면서 그 당시 30년 형에 처해진 가장을

> 둔 그 가족들의 가슴엔 얼마나 큰 돌개구멍이 뚫려있을까 하는 생각이 떠오르자 갑자기 마음이 아파졌다. 이제는 감옥에서 풀려났을까. 아니면 10년 세월의 강물에 더 큰 크기로 키워졌을까. 해변 바윗돌, 저 돌개구멍에 쓰였다 지워지고 또 쓰이는 파도의 글씨는 아름답건만 그 가족들의 가슴에 팬 그 돌개구멍은? 거대한 태평양을 한없이 바라보면서 다짐하였다. 내가 만난 사람들 혹은 내가 만날 내 이웃들의 가슴속에 나로 인해, 돌개구멍은 커녕 조그만 상처도 남기는 일은 결코 있어서는 안 된다는....

위 사건은 칼럼의 필자가 미국 서부지방의 한 도시에 안식년을 맞아 해외연구 체재 기간에 경험했던 비극이다. 너무나도 끔찍스럽고 애처로우며 말문이 막히고 기가 막히는 사연이다.

② 문화 차이로 인한 오해 사례 : 한국의 개고기 음식과 영국인의 혐오감

다음의 사례는 조선일보 '土日섹션'(2013.6.29)에 실린 기사인데 축구선수인 박지성의 체험을 소개한 것이다. "박지성이 밝힌 성공의 힘 - 낙관+무한긍정"의 글 중에서 일부를 발췌했다. 음식문화에서 한국과 영국의 차이와 오해가 얼마나 현격한가를 알 수 있다.

> 지난 2005년 가을 런던 특파원이던 나는 영국 프리미어리그 맨체스터 유나이티드 경기장에서 박지성의 경기를 취재했다. 그때 관중석 어디서부터인지 모르지

> 만 누군가가 박을 외치기 시작했다. 여기저기서 한두 명이 일어나 '박, 박' 목소리를 높이더니 어느새 6만여 관중이 하나가 돼 합창했다. "Park, Park, Wherever you may be, You eat dogs in your home country. But it could be worse, You could be a Scouse, Eating rats in your council house. 박(지성), 박, 네가 어디에 있든지 너희 나라에선 개를 먹는다고 했지. 하지만 그건 주택가에서 쥐나 잡아먹는 리버풀(스카우스) 녀석들에 비하면 훨씬 나은 일이야.

글로벌 시대를 살아가는 우리가 국제무대에서 활동할 때 문화 간 의사소통에서 문화 차이로 발생되는 사례로서 반드시 알고 있어야 할 사항 중의 하나라고 할 것이다. 축구 경기장에서의 이러한 합창은 그해 영국 최고 구단 중 하나인 맨체스터 유나이티드에 입단한 박지성을 향해 팬들이 처음으로 바친 선물로서 바로 '개고기 송'이었던 것이다. 말하자면 박지성 응원가였다. 맨유 팬들이 지독히도 싫어하는 리버풀에 대한 적대감을 담기 위해서 만든 응원가였지만 애꿎게도 한국의 '개고기 문화'가 비교 대상이 된 것이다. 최근에 취재기자가 상하이에서 개최된 '박지성 자선경기' 장에서 박지성 선수를 만나 나눈 인터뷰의 답변 내용은 문화적 차이, 사고방식의 차이가 어떤가를 잘 알려준다. 기자는 박지성 선수에게 '개고기 노래'를 들었을 때 기분이 어땠느냐고 물었다. "처음 경기장에 퍼졌을 땐 그게 저를 위한 노래인 줄도, 무슨 뜻인지도 몰랐어요. 라커룸에 있는데 동료가 '야 네 노래야' 그러더라고요. 그런 게 생겼다는 게 처음엔 마냥 좋았죠." 박지성은 그것이 논란이 된다는 것을 얼마 뒤에야 알았다. 한국 언론에서는 '인종차별' 이라느니, 한국 음식문화에 대한 조롱이라느니 하여 온갖 비난과 우려가 쏟아졌던 것이다. 성공하는 사람으로서의 긍정의 힘을 지닌 박지성의 대답이 흥미롭다. "나쁜 의도요? 홈 선수한테 설마요. 상대를 비하하기 위한 노래라 거부감이 없었는데, 아쉽게 생각하는 분이 많더라고요. 문화 차이고 생각 차이라 생각하니까 나중에 익숙해졌을 땐 오히려 안 불러주면 서운하고. 하하." 취재기자는 "이 노래 덕분에 박지성이 뜬 것인지, 박지성 덕분에 이 노래가 뜬 것인지 앞뒤는 불분명하지만 둘 다 확실히 뜨긴 떴다"고 재담을 첨언한다.

③ 국가별 문화적 차이: 피해야 할 선물

선물은 종종 문화의 차이로 인해 선물을 주고도 어색해지는 경우가 있다. 따라서 이러한 부분을 올바르게 대처하기 위해서는 타문화를 이해할 필요가 절실하다. 나라별로 피해야 할 선물에는 다음과 같은 예를 들 수 있다. 중국인은 벽시계나 탁상시계를 주지 않는다. 시계를 뜻하는 종(鍾)의 발음이 종(終)의 발음과 같아서 시계가 죽음을 상징하기 때문이다. 한편 나라별로 특정한 꽃의 의미가 다르기 때문에 꽃은 적합한 선물이 아닐 수 있다. 일본에서는 흰색 꽃이, 멕시코에서는 노란 꽃이 죽음을 의미하므로 선물로서는 피해야 한다. 그리고 한국에서 어버이날에 드리는 카네이션은 프랑스에서는 장례식에 사용된다.

④ 국가별로 모양과 관습에 차이가 있는 빵 이야기

아래의 글은 국제문화소통(cross-cultural communication)을 돕기 위한 영어 읽기/쓰기(English reading and writing/composition) 텍스트(resource text)로서 제시된 것이다. 각 나라마다 빵의 형태와 거기에 관련된 관습에 서로 차이가 있다는 점이 흥미롭다. 미국에서는 "Some people bake bread to sell their houses." 이에 반해서 러시아에서는 "Russians give others bread to welcome them."이라는 사실이다. (이 글의 출처는 ㈜ 미래엔 영어교과서, *Middle School English 1*. 2013. Unit 09에 실린 'Bread from around the World,' pp.160-61에서 발췌한 것이다).

There are many different types of bread in the world. Indians eat *naan*, a type of flat bread, with curry. They bake *naan* in a very special oven, a *Tandoor*. France is famous for its baguettes and croissants. Some people put ham and cheese inside the croissant. *Pita* bread is in the Middle East. It has vegetables and meat inside it.

People began to eat bread around 10,000 years ago. Throughout history, bread has lots of meanings in our daily lives. Sometimes, people use bread in special ways. For Russian people, bread and salt are the symbol of friendship. Russians give others bread to welcome them. In Scandinavian countries, sometimes a boy and a girl eat from the same loaf of bread. With this custom, people believe they can fall in love. In the U.S. some people bake bread to sell their houses. They think the buyers feel happy with the fresh bread smell in the house.

이러한 글은 국제문화 소통(cross-cultural/intercultural communication)을 위한 영어 읽기 및 쓰기 학습을 위해 도움이 될 수 있다. 학생들은 이러한 문화 간 의사소통 자료를 되도록 많이 읽어 두는 것이 필요할 것이다.

⑤ 나라마다 주마다 다른 기이한 법들(weird laws)

다음의 글은 조선일보에 실린 "윤희영의 News English" 칼럼(A29, 2013.1.18)에서 그대로 옮긴 것이다. 각 나라마다, 그리고 미국에서는 각 주마다 관습과 문화에서 이토록 많은 차이가 있을 수 있다는 사실에 놀라움을 금할 수 없다. 나라와 각 주마다 제각기 법이 다르게 적용되는 것을 보고 "기이한 법들"(weird laws)이 있음을 알 수 있다.

> 덴마크 레스토랑에선 식사를 하고(dine at a restaurant) 돈을 내지 않아도 된다. 손님 본인 생각에 (by the diner's own opinion) 포만감이 느껴지지 않았다면 (feel full and satisfied) 그냥 가도 된다. 법에 그렇게 정해져 있다(be defined by law).
>
> 태국에선 속옷을 입지(wear underwear) 않고 집 밖으로 나가면 법에 저촉된다(be against the law). 또 셔츠를 입지 않은 상태로 운전을 하면 불법이다. 하지만 아랫도리는 벗었든(be naked in the lower body), 뭐를 걸쳤든 상관없다.
>
> 영국의 작가 리처드 하퍼가 최근 발간한 책 'The Law is an Ass'에 따르면 세계엔 엉뚱한 법들이 적지 않다. 스위스 아파트에선 배변(排便) 계획을 신중히 세워야 (plan your bowel movements carefully) 한다. 밤 10시

이후 화장실의 물 내리는(flush the toilet) 것이 불법이기 때문이다. 냄새 공해보다 소음 공해를 더 반사회적인 행위로 본(consider noise pollution to be more anti-social than olfactory pollution) 것이다. 밤 10시 이후엔 변을 보고 곤욕을 치르거나(be in hot water after relieving yourself) 다음날 아침까지 기다려야 한다. 미국 세인트루이스 길거리에 앉아 맥주를 마시다간 단속 대상이 된다(become a subject of control). 시카고에선 어디에서든 술을 마시면 체포된다. 캔자스주 토피카에선 찻잔에 포도주를 서빙하면(serve wine in a teacup) 불법이고, 클리블랜드에선 두 사람 이상이 같은 병의 위스키를 홀짝이는(sip from a whisky bottle) 것이 위법이다. 캐나다 일부 지역의 맥주 바에선 물을 마시면 법에 걸린다.

코네티컷주 뉴브리튼에 가서는 절대 화재를 당하지(be caught in afire) 않아야 한다. 소방차도 제한속도 40km를 준수하면서(obey the 40km/h speed limit) 오기 때문이다. 오클라호마에선 다른 사람의 햄버거를 한 입 베어 먹는 것이 금지돼 있다(be forbidden to take a bite out of another person's hamburger). 루이지애나에선 자연 치아로 사람을 무는 것은 단순한 폭행(a simple assault), 의치로 무는(bite someone with your false teeth) 것은 가중 폭행으로 분류된다(be classified as aggravated assault). 노스캐롤라이나에서 노래를 부를 땐 조심해야 한다. 음정에 맞지 않게 노래 부르는(sing off-key) 것 자체가 불법이다.

덴마크에선 차 시동을 걸기 전에(before starting the engine) 차 밑에 어린이가 없는지 확인해야 한다. 법을 위반해(commit an infraction) 투옥됐다면(get thrown in jail) 탈옥을 시도해도(try to escape from prison) 된다. 탈옥은 불법이 아니다. 죄수가 탈옥하고 싶은 것은 자연스러운 것이므로 그 '행복추구권'은 보장해줘야(protect the right for pursuit of happiness) 한다는 것이 입법 취지(the purpose of legislation)다.

위와 같은 흥미를 돋우는 이러한 문화와 관습의 차이에 관련된 사례들을 가능한 많이 읽어서 알아 둔다면 예기치 않은 불이익을 당하지 않을 수 있는 것이다.

⑥ 한국인과 중국인의 사고방식 차이 : 중국문화 체험 이야기

다음의 사례는 조선일보 베이징 특파원으로 한동안 근무했던 박승준(현재 인천대 중어중문학과 초빙교수)의 글에서 뽑은 것이다. 한국과 중국인은 인접해 있는 이웃 국가이면서도 이와 같이 부모의 유산 분배방식과 화를 참으며 처리하는 방식에서 현격한 문화적 차이, 사회적 관습의 차이를 보여준다. (이 글의 출처는 경남중고동창회보 제394호 '박승준 동문의 체험 중국이야기(⑤)'이다.

〈부모의 유산 분배방식에서 한국인과 차이〉

부모의 유산을 물러 받는 방식에서 중국인과 한국인(조선족) 사이에 큰 차이가 있다. 베이징대학 중문과 출신인 조선족 동포에게서 들은 이야기를 소개한다. 연변에 사는 우리 동포들은 결혼한 두 형제가 부모와 함께 한 집에서 살다가도 부모가 돌아가시면 형이나 동생 어느 한 쪽이 방을 비워주고 멀리 이사를 간다고 했다. 어느 한 쪽이 이사를 가는 이유는 형제가 서로 싸우지 않기 위해서 라는 설명이었다. 일단 서로 떨어져 살다가도 서로 오고가며 음식도 나눠 먹고 잘 지낸다는 것이었다.

반면 중국인들은 이와는 정반대라는 것이다. 부모가 돌아가시면 온 동네의 어른들을 모이게 한 다음 집을 반으로 분할하고 마당도 정확히 둘로 쪼갠 다음 울타리를 세우고 사립문까지 각자 내어 서로 다른 문으로 드나든다는 것이다. 부모재산을 말 그대로 칼 같이 나눈다고 할 수 있다. 더 특이한 것은 잔칫날이나 별미 음식을 만든 날에도 바로 옆에 붙어살면서도 서로 부르지 않고 각자 즐기고 음식도 나누어 먹지 않으며, 손님들도 각자 초대한다는 것이다. 부모가 남긴 집을 반으로 나누는 과정에서 어느 한 쪽이 불만을 갖게 되면 형제간에 칼부림이 예사로 일어나기도 한다고 했다. 이 이야기는 중국인들이 재산이나 권력을 놓고 서로 투쟁하고 타협하는 방식이 한국인과는 사뭇 다르다는 것을 알게 해준다. 이번 중국 공산당의 권력이동에서도 이와 같은 투쟁과 타협방식이 그대로 드러났다. 이번 당대회로 결정된 권력이동은 형뻘인 장쩌민 전전임 당 총서기와 동생뻘인 후진타오 전임 당 총서기가 벌인 투쟁과 타협의 결과물이다. 당 총서기 자리에 오른 시진평은 장쩌민의 부하이고 서열 2위의 정치국 상무위원이 된 리커창은 후진타오의 부하이다. 중국 전역에서 2,200여명의 대표들이 모인 가운데 형인 장쩌민과 동생인 후진타오가 마치 부모가 남긴 재산을 나누듯이 정확하게 권력 배분을 한 것이다.

〈화를 참으며 치밀한 복수계획: 계획범죄 유형〉

베이징에서 사는 동안 신문이나 방송에 보도되는 중국인들의 범죄를 보면서 한국사회에서 일어나는 범죄 양상과는 사뭇 다르구나 하고 느낀 적이 한 두 번이 아니었다. 대체로 한국사회에서는 '욱'하는 성격에서 빚어진 우발적 범죄가 많다. 예를 들면 처갓집에 갔다가 처갓집 사람들로부터 귀에 거슬리는 소리를 듣고 평소의 감정이 폭발해서 저지르는 범죄가 그런 것들이다. 그러나 중국에서 일어나는 범죄들 중에는 치밀한 사전계획에 의해 이루어지는 경우가 아주 많다. 그 이유가 뭘까. 중국인들은 누구에게 피해를 당하거나 모욕적인 말을 들어도 마음속으로 '참자, 지금 화를 내고 분풀이를 해봐야 나에게 돌아오는 건 처벌밖에 없지 않은가'라고 생각하고 화를 억누른다는 것이다. 그렇다고 잊어버리는 것은 아니라고 한다. 당장은 화를 누리지만 기억을 차곡차곡 쌓으면서 머릿속으로 분풀이와 복수를 할 치밀한 계획을 세운다는 것이다.

예를 하나 들어보면 베이징의 한 도서관 당 조직 서기가 길을 가다가 알 수 없는 사람들로부터 집단 린치를 당한 사건이 있었다. 중국 경찰의 수사 결과 그에게 집단폭행을 가하도록 사주한 사람은 바로 그 당 서기에게서 가장 신임을 받는 당조직원으로 밝혀졌다. 그 당 조직원은 당 서기에게 원한을 산 일이 있었는데 그 당시에는 화를 삭이고 오히려 당 서기에게 접근하여 신임을 받도록 노력해서 당 서기가 자신을 의심하지 않을 정도가 되자 사람들을 시켜 집단폭행을 가한 것이다. 필자는 중국 외교부 관리가 슬쩍 보여준 서류철을 보고 기겁을 한 적이 있다. 거기에는 중국에 진출한 한국 기업 사장들이 중국인 종업원들에게 욕설을 퍼붓거나 때린 케이스들이 자세히 기록

돼 있었다. 중국인들이 무섭다는 걸 그 때 절실히 느꼈다. 중국인들은 모욕적인 언사나 폭행을 당해도 즉각 대응하지는 않는다. 그러나 그런 일을 절대 잊지 않는다. 그것을 우리는 알아야 할 것이다.

3) 문화와 언어적 의사소통

(1) 언어적 의사소통과 문화소통

두 개의 다른 문화 간에 존재하는 거리나 차이가 의사소통 상에 제기하는 문제를 이해하기 위해 문화와 언어 간의 관계에 대해 살펴보자. 이것은 문화와 관련되어 나타나는 여러 가지 문제점들을 보다 더 명료하게 이해하도록 한다.

언어는 독특하고 자율적인 것이라고 하는 것이 20세기 언어학의 지배적인 주장이지만 한편에서는 언어의 속성 중 태반은 일반적으로 문화의 속성이며 의미는 문화 및 사고와 관련하여 연구하는 것이 바람직하다는 주장이 있음을 허드슨(Hudson 1980, p.73)은 지적한다. 언어학상의 이러한 논쟁에는 학자마다 주장이 달라질 수 있으나 언어의 자율성 이외에도 사회적인 사고방식과 행동방식, 가치관, 풍속, 미학적 감각과 취향 등의 문화적인 측면이 의사전달의 매체인 언어에 반영되거나 표현을 싣게 되는 영역이 매우 많다는 점에 대해 사회언어학은 큰 관심을 가진다.

언어와 문화와의 관계에 있어서 대부분의 언어는 문화에 포함된다. 구데나프(Goodenough 1957)는 "어떤 사회의 언어는 그 사회의 문화의 한 양상이다. 문화와 언어의 관계는 전체와 부분의 관계다"라고 규정했다. 허드슨(Hudson 1976)은 이러한 규정은 사실에서 어긋나는 것은 아니라고 동의한다. 그는 언어와 문화가 중첩되는 부분은 언어에 관하여 다른 사람으로부터 배운 모든 부분으로 구성되어 있다고 본다(pp.83-84). 그렇지만, 분명히 다른 사람으로부터 배우지 않고도 가지게 되는 개념이 있는 것과 마찬가지로 언어의 양상 중에서도 이와 같이 다른 사람으로부터 배우지 않는 것도 있다. 예로서 유아는 '수직'이란 개념에 대한 낱말을 배우기 전에 그 개념을 이해하고 있는 것 같다. 음성적 자질목록과 '명사'와 '동사' 등의 개념처럼 어린이가 배울 필요가 없는 언어 양상도 있을 수 있다. 다른 사람으로부터 배우지 않은 언어의 양상이 있다는 점에서 언어는 전적으로 문화에 포함되는 것은 아니다. 요컨대 이러한 사회언어학적 이론의 제기는 두 나라 간에 대응하는 언어(어휘)는 없다 하더라도 개념이나 생활경험이 존재한다면 문화상의 차이로 보지 않는 입장을 보여준다.

허드슨(pp.84-88)에 의하면 다른 언어로는 표현할 수 없는 의미를 분명히 표현하는 어휘항목이 어떤 언어에 있다는 것은 상대성의 한 양상을 보여주는 것이며 서로 다른 문화와 결합되어 있기 때문에 서로 다른 범위의 관습, 사물, 제도 등에 대한 명칭을 가진 서로 다른 언어 간에 번역할 때 생기는 난점에서 이것을 볼 수 있다는 것이다. 그러나 문화의 양상과는 관계없이(적어도 그렇게 말할 수 있다면) 언어에는 의미 차이가 있는 문화가 있을 수도 있다. 그 예로서, 독일에는 '먹다'에 해당하는 두 가지 동사가 있는데, 하나는 사람이 먹는 동작을 'essen'으로, 다른 하나는 동물이 먹는 동작을 'fressen'으로 나타내고 있다. 이와는 반대로 영어에서는 'eat'란 동사 하나로 독일어의 두 동사를 대신한다. 이와 같이 독일어와 영어는 그들의 언어항목으로서 각각 다른 의미를 나타내고 있다. 즉, 독일어는 영어의 eat 동사에 해당하는 동사가 없고, 영어에는 더 구체적인 뜻을 나타내는 독일어의 동사 essen과 fressen에 해당하는 낱말이 없다. 그럼에도 불구하고 이러한 언어적인 세분화의 차이에 대해 영어와 독일어의 화자들이 가지고 있는 문화적 양상에 차이가 있다고 관련시킬 수 있는 것은 아니라고 허드슨은 본다. 그러나 여기서 언어의 차이 자체를 사고방식이나 인지구조상의 차이로 볼 수도 있으므로 이것을 인정한다면 문화적인 차이가 된다고 보아야 할 것이다.

문화인류학적 언어학자들은 친족관계와 같은 문화적 양상을 다루기 위해 의미론의 성분분석(componential analysis)을 활용하였다. 이 방법은 특히 구데나프(Goodenough 1956)에 의해 이루어졌다. 그는 버마의 작은 부족의 언어인 파라웅어(Palaung)의 대명사를 다음의 보기와 같이 세 가지 성분을 구분하는 체계에 의해 아주 분명하게 분석하고 있다.

(i) 그 대명사가 화자(여러 사람 가운데서)를 가리키는가?
(ii) 그 대명사가 청자(여러 사람 가운데서)를 가리키는가?
(iii) 그 대명사가 하나나 둘 또는 셋 이상의 실체를 가리키는가?

이와 같은 분석을 구성하는 성분들이 대명사의 형태를 결정하기 위해 어떻게 결합되는가를 다음 도표는 보여주고 있다.

(i)화자?	(ii)청자?	(iii)하나	둘	셋 이상
예	예	—	ar	ɛ
			(we 우리들)	(we 우리들)
예	아니오	ɔ	yar	yɛ
		(I나)	(we 우리들)	(we 우리들)
아니오	예	mi	par	pɛ
		(you 너)	(you 너희들)	(you 너희들)
아니오	아니오	ʌn	gar	gɛ
		(he or she 그는)	(they 그들은)	(they 그들)
Palaung어의 대명사(Burling 1971: 17에서 인용 수정한 것임)				

이러한 성분으로 보면, 영어에서보다 파라웅어에서 대명사의 구분이 더 많다. 특히, 영어에서는 '둘'과 '둘 이상', '화자'와 '청자'(포섭적인 'we')를 구분하지 않는다. 그렇지만, 영어에서도 경우에 따라서는 세 성분이 모두 쓰인다. 영어의 대명사에도 we(화자 포함), you(청자 포함, 화자 불포함), they(화자, 청자 불포함)를 구별하는데, '청자'와 '화자'라는 두 성분이 모두 쓰인다. 數라는 성분에 대해서, 영어에서는 둘이나 둘 이상에 따라서 all과 both, none과 neither를 구분하여 쓴다. 그러므로 파라웅어와 영어는 의미성분이 다르지는 않지만 그 성분이 사용되는 방법이 다름을 보여준다. 이것은 사고방식이나 인지구조상의 차이를 나타낸다고 볼 수 있으므로 문화간의 차이를 나타낸다고 말할 수 있다. 그러나 허드슨은 이것 역시 두 나라에 개념은 존재한다고 보아 문화상의 차이에 관계되는 것은 아니라고 보고 있다.

앞에서 살펴본 "essen, fressen: eat"의 독일어-영어의 경우처럼 영어 어휘들 중에는 없으나 에스키모인의 언어에는 있는 눈의 종류가 있다. 허드슨의 입장과 비슷하게 스타인버그(Steinberg 1982)에 의하면 이러한 언어의 세분화가 곧 바로 다른 나라와의 문화 차이를 나타내는 것이라고 말할 수는 없다고 본다(p.109). 왜냐하면 이 경우 영어를 사용하는 스키 선수라면 비록 영어에는 어휘가 없다 할지라도 여러 가지 눈의 종류를 구별할 수 있고 눈의 물리적 상태를 구별하기 위해서 powder snow, wet snow 등의 구절들을 만들어 낼 수 있다. 생활경험이 반드시 어휘항목과 일대일로 대응하도록 만들어 내지는 않는다. 즉 두 나라의 국민이 각각 생활경험은 똑같이 가지나 어휘항목의 세분화가 되어있지 않은 경우로 보아서 이 경우 두 나라 사이의 문화에 차이가 있다고는 말할 수 없다는 것이다. 예컨대 영어화자들은 비록 'male dog', 'back of hand', 'cow, bull의 단수 상위 개념' 등을 가리키는 개별적인 어휘들은 없다. 그러나 그런 개념들은 부재한 것이 아니라 분명히 알고 있다. 'male dog'의 상위어는 dog, 여성형은 bitch로서 이미 기성의 어휘항목이 있고, 'back of hand'의 반대쪽 면을 가리키는 'palm'이라는 어휘항목이 이미 생성되어 있으며, 'cow, bull의 복수 상위 개념'은 cattle이라는 어휘항목으로 이전부터 이미 존속해 왔다. 요컨대 스타인버그는 어떤 사물, 관습, 제도 등에 있어서 특정의 대상이나 사실에 해당하는 어휘는 없다고 할지라도 그 개념이 존재한다면 개념과 문화를 동일시하는 입장을 취하고 있는 것이다.

그러나 한국어의 친족관계를 나타내는 언어의 경우를 생각해 보면 영어에 대응하는 어휘항목이 없을 뿐만 아니라 개념의 차이나 부재 현상을 드러낸다. 이것은 문화적인 차이임에 두말할 필요가 없다. 예컨대 영어의 cousin은 사전에서 ① a child of one's uncle or aunt ② a relative descended from one's grandparent or more remote ancestor in a different line ③ kinsman, relative로 설명되고 있는데 이것은 친족에 대한 개념이나 사상이 한국의 경우와는 다름을 보여준다. 다시 말해 엄연한 현실로서 문화상의 차이를 언어의 의미상에서 보인다. 즉 한국의 특성화된 독립된 의미를 담은 어휘 항목인 재종(6촌) 삼종(8촌) 등이 영어에는 부재하고 동시에 그러한 개념도 없거나 흐려져 있는 것이다. 어휘항목 uncle, aunt 등도 동일한 경우이다.

언어에는 같은 문화권 내에 살고 있는 사람들의 경험과 사상이 담겨있고 새겨져있다. 그래서 문화적인 의미(cultural meaning)는 의미론적인 의미(semantic meaning)와 대조되는 개념으로 설정될 수 있다. 의미론적인 의미는 외연적인 의미를 가리키며 모든 문화가 공통으로 가진다. 그러나 문화적인 의미는 한 문화권의 구성원들이 공유하고 있는 생활에서 나오는 비의미론적인 양상을 나타내는데 의미론적인 의미를 결정해 주는 것은 아니다. 언어는 절대적 의미가 새겨져서 불변하는 것이 아니라 하나의 사회적, 제도적 약속이라고 할 수 있다. 그러므로 언어란 기호학(semiotics)에서는 하나의 기호로 본다. 즉 사회적으로 약속된 기호인 것이다.

요즘 세대에서는 한국 사람들이 서로 마주쳐 인사를 할 때 나이든 사람의 세대처럼 "어디 가십니까?/Where are you going?"라고 말하는 경우를 거의 볼 수 없다. 대신에 "안녕하세요?"라고 말하는 경우가 대부분이다. "어디 가십니까?/Where are you going?"라는 인사말에서 한국어와 영어의 두 가지 언어 표현이 가지고 있는 의미의 일치는 명목뿐이라고 할 수 있다. 즉 내포하고 있는 문화적 의미는 현저히 다르다. 한국인의 경우 대개 상대방의 행선지에 대해서는 실제로 그렇게 큰 관심과 흥미가 없다. 그런데 조금 밖에 알지 못하는 사이거나 거의 모르는 사람에게까지도 할 수 있는 단순한 우정적인 인사이다. 그래서 대답도 "아무데도 안 갑니다/Nowhere"이다. 그러나 영미인들이라면 그것을 인사로 받아들이지 않고 특정한 정보를 요청하는 것으로 생각하여 구체적인 대답으로 반응할 것이다. 예컨대 "To the library to borrow a book."이 대답이 될 수 있다. 영미인들은 이러한 한국식 인사를 한국인으로부터 받으면 한국 사람들은 비뚤어진 철학을 가졌다거나 이상한 호기심을 가진 비신사로 잘못 취급할 수 있을 것이다. 언어 외연적으로는 동일한 의미의 표현이라 할지라도 문화적 배경에 따라 각기 다른 생각이나 심상을 자아낼 수 있음을 알 수 있다.

의미론적 의미와 문화적 의미가 일치하는 1:1의 상당어가 좀처럼 성립하지 않는다. 언어와 문화 간에는 밀접한 관계가 있기 때문이다. 한국어의 "약국"을 미국영어로는 "drugstore"라고 번역해야 하지만 두 낱말 사이에는 현격한 차이가 발생한다. 한국에서는 "약국"에서 약만 취급하지만 미국에서는 약품 외에 화장품, 문방구, 담배, 신문, 잡지, 과자, 타자기, 양탄자 등 다양한 생활필수품을 취급하고 있으며, 더욱이 간단한 식사와 음료수까지 마실 수 있는 시설도 갖추고 있다. 덧붙여 한 가지 놀라운 사실은 한국인이 만약 약을 'drug'라고 말하면 미국인들은 마약으로 생각하는 경우가 많다. 'drug' 대신에 'medicine'이라고 말해야 하는 것이다.

오스굳(Osgood)에 의하면 어떤 개인이 가진 낱말의 완전한 의미는 그 개인이 그 낱말을 배운 환경에서 그 낱말에 대해 가진 경험의 총합의 결과라고 주장했다(Rivers 1981, p.318). 언어란 그 언어가 속한 사회집단의 생활양식, 태도, 습관 등과 함께 학습되고 이들을 통해서 표현되기 때문에 언어에 크게 영향을 준다. 한국에서는 가족 중심의 유교문화의 전통을 가지고 있어서 가족 구성원간의 관계를 지시하는 용어가 발달되어 있다. 예를 들면, 영어의 "aunt"의 의미내용에 대응하는 단일어가 한글에는 없고 숙모, 고모, 백모, 이모, (남의) 아주머니 등으로 크게 분산되어 각기 그 의미적 특성을 지닌다. "uncle"도 역시 통합성을 띠고 있고, 이에 대응하는 한글의 낱말은 분산성을 띠고 있는데 그 분산의 범위는 "aunt"에 대응하는 범위와 동일하다. "Mr."에 대응하는 한글은 각하, 대감, 영감, 전하, 나리, 주인님, 씨 등으로 분산되어 있다. 그 중에서 어느 것을 선택하느냐 하는 것은 상대방의 사회적 신분, 사회적 상황이 결정적 요인이 된다(이에 대해서는 최현욱, 『영어교육과 실제』. 서울: 한국문화사, 1997. pp.17-19 참조). 이와 같은 맥락에서 홀(Hall)은 저서 『침묵의 언어』(*The Silent Language,* 1959)에서 "문화가 의사소통이다"(Culture is communication)라고 말한다 (pp.93-98 참조).

다른 나라 사람들과 서로 교류할 때 요구되는 것은 의사소통 능력(communicative competence)과 상호작용 능력(interactive competence)이다. 여기에는 단순히 언어적 능력(linguistic competence)만으로 해결되지 않고 그것을 넘어서는 사회적, 문화적 영역이 개입된다는 사실을 알 수 있다. '의사소통 능력'이란 무엇이 관습적이고 무엇이 상황적으로 적합한가에 대한 지식으로 흔히 정의된다(Holmes and Brown 1976, Hymes 1974, Paulston 1974). 그리고 '상호작용 능력'이란 어떤 특정 경우에 문법적으로 적합한 형태이면서 사회적으로 적합한 문장과 발화를 산출하는 것 이상이며, 표현적인 것은 물론이고 해석적인 면도 있다. 여기에는 화자의 화행(speech behaviour), 어떤 행위와 사회적 활동의 특징에 대한 해석도 포함된다(Mehan 1979). 따라서 의사소통이 다른 나라 사람과의 사이에서 원활하게 이루어지려면 언어적 의사소통 능력만으로는 충분할 수 없다. 효과적으로 의사소통과 상호작용을 하기 위해서는 문화적인 능력(cultural competence)이 수반되지 않으면 안 되는 것이다. 상대방 문화의 속성에 관한 이해력을 길러야만 대화 상대방의 감정을 해치거나 당혹케 하는 일을 예방할 수 있다. 대화를 잘한다는 것은 단순히 문장을 산출하는 것만이 아니라 하나의 사회적인 교환이며 서로의 행동에 영향을 미치는 일임을 유념해야 하는 것이다.

커뮤니케이션을 전공하는 학자들(Hall, Davis, Schramm)에 의하면 주고받는 대화가 언어적 기호에 의존하는 비율은 30%~35%에 불과하다. 그럼에도 우리는 언어적 역할을 의사소통과 상호작용에서 지나치게 의존해 왔다. 홀은 『침묵의 언어』(*The Silent Language* 1959)에서 인간은 말로 표현하는 언어(verbal language)에 의해 의사전달을 하는 방식 외에도 감정이나 행동으로 표현하는 무언의 언어(nonverbal language)에 의해 끊임없이 의사전달을 한다고 설명한다(p.10). 실제의 언어생활에서 언어적, 비언어적 의사소통이 분리될 수 없이 뒤얽혀 있게 마련이다. 따라서 의사소통과 상호작용 능력 개념에는 비언어에 의한 의사소통 부분이 포함되어야 한다. 홀은 이러한 비언어적 의사소통 수단을 "침묵의 언어"(silent language)라고 표현하였다. 홀의 책에서 다루는 의사소통 능력과 상호작용 능력은 문화 간에 일어나는 것을 대상으로 삼는다. 비언어적 의사소통은 문화적인 특성이 매개되며 문화적 요인이 결정자로 작용한다. 맥레오드(Mcleod 1976)는 외국어학습자들에게 언어만을 가르치는 것은 사회적 불구자가 되게 한다고 했다(p.217). 의사소통에서 비언어적 요소의 중요성을 강조하는 심리학자 알버트 메라비언(Albert Mehrabian 1972)은 다음과 같은 공식을 제시했다. Total impact of a message = 7% verbal + 38% vocal + 55% facial. 이에 따르면 언어의 지시적 기능에 대한 의존도는 겨우 7%에 지나지 않고 나머지 93%가 '부차언어'(paralanguage)에 의존한다는 것이다. 부차언어란 언어 자체는 아니지만 언어행위에 수반되어 나타나는 표현, 예컨대 목소리의 변화, 동작, 표정, 인상 등의 운용을 지칭한다. 따라서 외국어 교사는 목표언어의 음성 수식(vocal qualifier), 원어민의 동작론(kinesics), 근접론(proxemics) 등에 관심을 갖고 모국어와 관련을 지워서 비교하고 차이점을 제시해야 한다. 이와 같은 상황을 알게 되면 의사소통 능력과 상호작용 능력을 함양하기 위해서는 일반적인 언어적 능력 외에 부차언어 구사 능력, 문법적 언어 능력, 사회언어학적 능력, 대화와 해석 책략의 구사 능력 등이 포함되어야 한다(Canale and Swain 1980, Spolsky 1989).

모국어가 아닌 외국어로서의 언어를 학습하고 습득하여 모국어에 근접한 언어사용 능력을 갖추려면 반복적 사용과 누적 효과에 의한 습관 형성을 통해 가능하게 되는 것이 일반적 원리이다. 언어 사용의 반복과 누적으로 사람은 하나의 습관의 고리(loop)를 만들게 된다. 그러나 외국어 학도들에게 의사소통, 상호작용을 할 때 언어의 역할에만 주목해서는 안 된다. "실제 의사소통되고 있는 것의 태반은 더없이 비언어적인 것이다"(Hall 1966, Widowson 1979, Wolfgang 1979). 비언어적 의사소통(nonverbal communication)이란 문화에 의해 결정될 수 있다. 외국어 학도들은 자기들의 소속 문화에 기초하여 이미 형성된 일정한 인지적/의식적/문화적 도식(schema)을 갖고 의사소통을 하려고 한다. 따라서 이러한 도식에 너무 큰 차이가 있게 될 경우 문화 간에 오해로 인한 문화적 충격(cultural shocking)이 발생할 수 있다.

이와 같이 언어와 문화는 밀접한 관계를 가지고 있으며 언어활동의 한 영역으로서 문화가 의사소통의 강력한 요인이 된다. 언어장벽을 극복하기 위한 언어학습보다 앞서서 문화 간에 이해와 소통이 이루어져야 할 기회와 수단의 마련이 필요하다. 그러므로 의사소통(communication)에는 협의적인 언어능력 습득이 당연히 필요하지만 충분한 것은 아니므로 목표언어(target language)의 사회적, 문화적인 내용을 이해하지 않으면 안 된다. 프리스(Fries 1967)는 사회, 문화적인 의미가 없는 언어적인 의미는 그다지 뜻이 없는 형식적 문구에 지나지 않는다고 말했다(p.132). 언어에는 "문화적 구속"(cultural constraint)이 있는 것이다.

우리가 의사소통을 하는 과정에서 언어가 하는 지금까지의 역할을 금방 바꾸는 것은 기대하기 어렵다. 우리는 사회언어학적, 비언어적인 의사소통 능력을 키워서, 그리고 문화 간의 소통능력을 키워서 문화 간에 원활하고 효과적인 의사소통과 상호작용(interaction)을 수행하도록 해야 한다. "Do as Romans do when you are in Rome."이라는 말을 주목해야 하며, 로마가 하루아침에 이루어지지 않았다는 사실도 유념해서 외국어를 배우고 사용할 줄 알아야 한다.

영어 의사소통 능력을 갖추려면 문화적 능력이 깊이 얽혀 있다는 점을 인식하고 우선 경험적 사실에서 대조적인 요소 등을 비교 분석(comparative analysis)을 함으로써 문화가 다를 때 그 목표문화(target culture)를 학습하거나 습득하지 않으면 안 된다. 외국어 교육과 학습에 있어서는 문화적 능력의 개발이 언어교육의 미비점을 보완하기 위해 필수적인 과제이다. 그래서 두 나라 사이의 생활양식, 사고방식, 행동유형 중에서 격심한 차이를 이루는 것부터 시작하여 일반화시킬 수 있는 요소를 비교 대조 분석하여 나 자신의 것으로 체화/내면화되도록 효과적인 훈련을 해야 한다.

리버스(1968, pp.262-63)에 의하면, 외국어 교사들 중의 어떤 이들은 그들의 과제가 다른 나라 사람들의 생활방식이나 생활태도에 대한 학생들의 이해를 길러주는 것이 아니라고 반대 입장을 취하고서, 교실 수업에서 그들이 해야 할 주된 목적은 학생들에게 외국어의 구조를 가르치고, 이해력과 말하기, 쓰기 등과 같은 언어 사용기술을 가르치는 데 있다고만 생각한다고 비판하고 있다. 이런 교사들은 우선 언어라는 것이 그 속에 깊숙이 뿌리박혀 있는 문화로부터 완전히 분리될 수 없다는 사실을 무시하려 드는 것이 된다. 바르게 언어를 사용한다든지 원서를 읽는다든지 또 모국어 화자의 말을 듣는다든지 하는 것 등은 어느 것이나 다 교사가 의식하든 안 하든지 간에 문화적인 요소를 소개하게 된다. 이러한 요소가 있다는 것을 인정하지 않고, 그것들을 분명히 하지 않는다면, 교사들은 학생에게 그릇된 개념을 심어주게 된다. 외국인의 반응이나 행동에 대해 문화적으로 이루어지는 바탕을 오해하게 되면, 학생들은 자기들이 배우고 있는 외국 언어의 사용자들의 감정을 오해하게 된다. 그것에 내포된 뜻이나 적절한 용법을 모르고 단순히 외국어를 유창하게 말한다거나 그 밑에 내포된 가치나 가정을 모르고 원문을 읽어나가는 것 등과 같은 그러한 언어적인 기술은 실용적인 차원에서 보더라도 부자연스럽다. 외국인의 문화적 유산을 이해하는 열쇠가 되고 학생들에게 외국의 훌륭한 인물들이나 문학작품과 접촉함으로써 교양을 증진케 해 주는 것은 그 나라의 언어를 통해서이다. 따라서 문화 속에 깊숙이 뿌리박혀 있는 것이 언어라는 사실을 명확하게 인식하지 않으면 안 된다.

리버스(p.265)의 설명에 의하면 모국어는 그것을 배우는 사람이 속해 있는 그 사회단체의 생활방식과 태도와 함께 학습된다. 그리고 이러한 태도와 생활방식은 그 말에 나타난다. 이와 같은 언어는 그것이 작용하는 사회체계의 구성요인이 된다. "의미"(Meaning)라는 언어이론을 제창한 심리학자 오스굳(Osgood)은 일반인에게 있어서 한 낱말의 완전한 의미는 그가 성장해 온 문화적인 환경에서 그 낱말과 관련하여 가졌던 경험의 통합이라고 하였다. 그 집단의 구성원들은 비슷한 경험을 가지고 있으므로 그 의미는 그들 모두가 공유하는 것이다. 그러나 그 말은 다른 사회에서 통하는 뜻과는 어떤 면에서 다를 수도 있다. 종류가 다른 두개의 언어에서 낱말이나 표현에 있어서 형태상의 일치에도 불구하고 1대1의 공동표현이 거의 실현될 수 없는 것은 이와 같은 언어와 문화의 불가분적인 상호관계 때문이다. 한 언어의 사용자는 다른 언어의 사용자와 일치하지 않는 어떤 범주를 그들의 환경적 필요에 의해서 형성하게 되므로 차이가 생기게 마련인 것이다.

낱말들이 사전에 나타나는 직접적인 의미에 있어 일치한다 할지라도 그 낱말이 가지고 있는 함축적인 의미나 그 낱말들이 일으키는 정서적인 연상에 있어서는 상당히 다를 수 있다. 어떤 문화권에 있어서는 "어머니"(mother)란 말이 강열한 정서적이고도 부대적인 의미를 가질 수 있으나, 어린애들이 부모에게 속한다기보다는 부족이나 씨족에 속하는 것으로 간주되는 문화에 있어서는 그렇지 않을 수도 있다. "앗, 거미다!"(Spilder!) 하는 외침에 대해서 남자와 여자가 다르게 반응할 것으로 기대되는 사회에서처럼, 문화적인 형태도 사회단체의 여러 부분으로부터 각기 다른 정서적 반응을 일으킬 수 있다. 인습적인 체계도 어떤 낱말에 강렬한 함축적인 요소를 가할 수 있다. "공산주의"(communism)란 단어는 여러 가지 언어로 그리 힘 안 들이고 바꿔 쓸 수 있지만, 화자가 전달하고자 하는 직접적인, 그리고 함축적인 완전한 의미를 단순히 동의어를 삽입하는 정도로는 충분히 나타나지 않을 것이다. 그 단어가 문맥에서 가지는 의미가 고려되고, 구가 대화의 앞부분과 뒷부분에서 가지는 뉘앙스가 고려될 때에는 오해가 배가된다(Rivers, pp.265-66 참조).

낱말이 가지는 대부분의 의미는 가치판단 등과 관련이 있다. 이러한 가치판단은 개인이 성장한 문화 내에서 습득되었으며, 그 사회단체의 대부분의 구성원들에 의해서 의심 없이 받아들여진 것이다. 글로 썼든, 말로 했든 어떤 전달내용을 실제적으로 이해하기 위해서는 학생들은 외국어 대화에 기본이 되는 그 나라 국민의 마음가짐과 가치관을 반드시 의식하고 있어야만 한다. 새로운 언어가 자기에게 익숙한 모국어로 옮기기 위해 풀어야 하는 단순한 암호가 아니라는 것을 안 학생은 문화의 의미에 대한 중요한 통찰력은 얻은 것이다. 그는 자기가 배우고 있는 언어를 사용하는 사람들의 문화를 이해하려고 함으로써, 비교와 대조를 통해 자기 자신의 문화에 대해서 많은 것을 배우게 될 것이기 때문이다(Rivers, p.266 참조).

뚜렷한 문화가 하나만 존재하는 나라에서는 사람들은 어떤 특정한 방식으로 반응하고, 어떤 특정한 것을 존중하도록 배우게 될 것이다. 그들은 그들과 다른 행동양식과 가치체계에 직면하게 되면 이른바 문화적인 충격을 받게 된다. 그리하여 그들이 배우고 있는 언어를 모국어로 사용하는 사람들을 매우 별나고, 나쁜 예절을 가지고 있으며, 상당히 어리석고, 심지어 도덕적으로 방종하다고까지 생각할 수 있게 된다. 인사를 받는 사람의 사회적 지위에 따라 다른 형태의 인사말이 사용되는 사회에 있어서는 사회적인 상황에서의 중요한 예비질문은 아마도 "당신의 수입은 얼마나 됩니까?" 일지도 모른다. 영미인들이 습관적으로 사용하는 "How are you?"라는 인사말을 방문객의 건강상태를 정말로 알아보기 위해 질문하는 것으로 오해함으로써 자기들의 안녕에 대하여 냉담하고 무례한 것으로 판단한 외국인들이 있었다고 알려져 왔다. 영어를 사용하는 그들의 친구들이 그 질문에 대한 대답을 기다려 주지 않는 것을 보고 불쾌하게 여겼던 것이다. 개인이 자기가 입고 있는 옷이 값지다거나 우아하다는 것을 결코 시인해서는 안 되는 사회에서는, 용모에 대한 칭찬에 "감사 합니다"라고 답하는 것은 자기의 자존심을 나타내거나 아니면 예의범절이 모자라는 것으로 생각될 지도 모른다. 그 간단한 인사말도 그 사회에서의 상관관계와 사회교육의 테두리 안에서만 이해가 가능하다(Rivers, p.264).

크로프와 박교수(Klopf & Park 1982)에 의하면 이른바 '문화 간 화자'(cross-cultural speaker)의 대부분은 두 나라 문화의 차이가 투사된 언어상의 장애를 인식한다. 어휘, 통사의 구조, 관용어, 속어 그리고 방언 등이 장애작용자들이지만, 외국어를 말하는 보통의 사람은 일반적으로 자기가 모국어 화자처럼 상대국의 언어를 이해하지 못함을 잘 알고서 그러한 장애에 대해 예민하다. 일본어의 경우, 그것의 오해가 어떻게 발생할 수 있는가를 보여주는 한 가지 예를 들어 보자. 영어에서 "No"라는 단어는 어떤 사람이 다른 사람에게 그 상대방이 원하지 않는 무언가를 해 달라고 요청할 때 상대가 "No"라고 말해도 어색하지 않고 온당한 것으로 간주된다. 대부분의 경우에 있어서 "No"의 용법은 전혀 불편함, 어색함, 공격성 등을 청자에게 야기하지 않는 것이다. 그러나 일본에서는 "No"를 뜻하는 "iie"를 사용하기란 피한다. 왜냐하면 너무나 공격적이고 직선적으로 들리기 때문이다. 그래서 그들은 부정적인 의도를 표현하면서도 공격적으로 여겨지지 않을 수 있는 적어도 16개의 대체 표현법들 중의 하나를 사용한다. 그렇게 다양하게 표현된 의미들은 미국인에게 애매모호하게 느껴지기가 쉽고 일본인과 대화할 때 장애를 줄 수 있다. 따라서 일본인과 대화할 경우의 외국인은 "iie"의 변이형 표현어들의 용법을 잘 알아 두어야 할 것이고, 단어의 의미를 특정의 한가지에만 집착하는 태도에서 벗어나야 한다(pp.104-05).

아래의 예문 (1), (2)는 문화 간의 차이가 두 외국인 사이에 어떻게 작용하고 있는가 하는 문제를 단적으로 보여주는 수많은 여러 가지 예들 중의 일부이다. 여기서 영어를 사용하는 외국인 화자는 영어 구사능력이나 청해력에 있어 뛰어난 사람이기 때문에 상호간의 오해나 당혹감은 언어와는 관계없이 문화의 상대성에서 유래한다.

(1) In the American culture, “come any time” is usually just an expression of friendliness; we’re not really expected to show up unless our host proposes a specific time. In India, on the contrary, as in many Asian countries, the words are meant literally - the host is putting himself at your disposal. It is the essence of politeness to leave it to the guest to set a time at his convenience. If the guest never comes, the Indian naturally assumes that he does not want to come. Such a misunderstanding can lead to a serious rift between man who are trying to do business with each other. It is equally polite on your part, of course, to let your host know when you plan to visit and find out if that time of day is suitable. (Hunt et al., 1992, p.9)

(2) You have just arrived in Hong Kong. You are combining a business trip with a vacation and of course you want to conclude your business as quickly as possible. The man you are to see is Chinese. but you’ve been told he speaks English very well so you anticipate no problem in discussing your business. He greets you with many bows, even though he takes your proffered hand, and serves you tea even though you say you don’t care for any. You try to bring up the subject of your visit, but he engages in what you consider to be “small talk” and after a time invites you to another office to meet general conversation even though you again try to get down to the

> business at hand. Finally, the first man invites you to have dinner with him and to continue your discussions the next day. You are fuming inwardly at the delay, but have no choice but to accept. (위와 같은 책, p.4)

두 나라의 문화의 차이를 미리 알아둘 필요가 있음은 위의 두 예문이 잘 시사하고 있다. 위와 같은 많은 연구사례를 모은 '문화소통 자료집'(intercultural sourcebook)를 활용하여 타문화에 대해 미리 적응훈련을 준비해 둔다면 불필요한 오해나 어색함을 피할 수 있다. '문화동화집'(culture assimilator)은 방문객과 상대문화 성원들 사이에 일어날 수 있는 일단의 사건들로 구성한 것이다. 그리하여 각 사건의 끝에다 일단의 가능할 수 있는 반응들을 제시하여 그러한 상황과 문화에 가장 적합한 반응이 되는 것을 선택하도록 하고 각 반응의 선택에 대해 그것이 왜 옳고 그른가에 대한 설명이 뒤따르게 한다. 다음의 상황과 사건(3)은 미국인 학생들과 아랍 학생 사이에 일어나는 상호작용을 반영한 예문이다.

> (3) An Arab student asked his co-workers on his lab assistantship if they wanted to go to lunch with him at the Student Union. They agreed, adding that it was time to eat, and they all chatted as they went to the Union where they got in line at the cafeteria. When they reached the cashier's station, the Arab student, who was frist in line, paid for all of them. When the group got to their table, his two co-workers insisted on giving the Arab student the money for their lunches. The Arab refused it, but the Americans insisted; and the one sitting beside him swept the money off the table and dumped it into the foreign student's jacket

pocket. Later, the Americans commented that the Arab student had been unusually quiet and reserved while he ate his lunch. (Klopf & Park 1982, p.119)

만약 미국인 학생들이 이 사건을 올바르게 분석을 했더라면 그들은 식사하는 동안에 보인 아랍학생의 행위에 대해 아래에 열거한 설명문들 중의 어느 것이 올바른 응답인지를 결정할 수 있을 것이다. 특정한 하나의 응답을 선택한 사람들은 각자의 선택에 대해 설명을 종이에다 쓰게 한다. 아래에 응답 선택의 정오여부에 대한 분석을 소개한다.

1. The Arab student must have had an upset stomach.
2. It is the Arab custom not to talk during meals.
3. The Arab student had wanted to pay for their lunches and he was hurt that they wouldn't let him.
4. The Arab student felt the Americans though he was too poor to pay.
5. When he was away from the lab, the Arab had nothing to make conversation about.

You chose I: The Arab graduate student must have had an upset stomach. This is a bad choice. Apparently you missed a key point. A stomach upset can come on suddenly - but if it does, would one continue to eat and watch others do the same?

You chose 2: It is the Arab custom not to talk during meals. Sometimes people may want to eat in silence, but if such is their mood, why would they suggest that other people eat with them? While the members of some cultures do dine in silence, this is not the custom with members of the Arab culture.

You chose 3: The Arab student had wanted to pay their lunches and was hurt that they wouldn't let him. Right. Most Americans would not, under the circumstances interpret the Arab's invitation (an ambiguous word, isn't it?) as implying that he intended to pay for their lunches. However, in Arab culture, a suggestion that others join you in eating is an indication that you are inviting them to be your guests; it is a gesture of hospitality and generosity.

No wonder the Arab student was upset! As the situation evolved, it really was for the Arab basically a case of the guest's supplying their own food after they had accepted his invitation. Aside from the confusion, the student must have felt over the apparent inconsistencies in the behavior of the Americans, he probably also felt that their behavior was deliberate rejection of his hospitality - and, therefore, of friendship as well.

All over the world acceptance of generosity and hospitality involves a more or less rigid obligation to repay in an approximately similar form sometime. A generous Arab, when thanked, may say, "Don't thank me; you will repay me someday."An American refusing an invitation to be a guest is much more likely to say, "Let's go 'Dutch.'"

You chose 4: "The Arab student felt that the Americans thought he was too poor to pay for all the lunches. Incorrect. You have overlooked significant information which should have indicated to you the correct information. This thought may have passed through the Arab student's mind, but it would probably not be the first one, nor the one mainly dwelt upon. One of the other alternatives would provide a better explanation of the young man's behavior. Re-read the

> passage, noting carefully what happens and how each of the people involved behaves toward the others at each point in the episode.
>
> You chose 5: When he was away from the lab, the Arab had nothing to make conversation about. Wrong. Your answer is inconsistent with the information given. Since we've all met some people as narrow in their interests as this, is this choice culturally relevant? Furthermore, this choice practically contradicts the situation as described in the passage. (Klopf & Park, pp.119-21)

이와 같은 방법으로 문화적 차이에서 발생하는 상황과 문제들에 대해서 가능할 수 있는 응답들을 열거하고 올바른 선택을 고르게 하는 문제를 최대한 많이 수집하여 작성한 훈련집을 학습한다면 차이가 나는 문화의 적응에 큰 도움이 될 것이다.

특정의 사회집단이 가진 문화의 특성을 언어에다 독특하게 반영하고 있는 또 다른 한 가지 형태를 미국영어에서 찾아보자. 미국 영어에는 뜻을 노골적이거나 직설적으로 하는 어법보다 완곡어법(euphimism)으로 표현하는 담화문체가 아주 발달되어 있음을 들 수 있다. 이러한 완곡어법을 주의 깊게 이해하지 않으면 그 말을 하는 사람의 의도하는 뜻과 그러한 사람이 소속된 사회집단의 문화를 이해할 수 없게 된다. 연재된 바 있는 「코리아 헤럴드지」(*The Korea Herald*)의 해설판(1992년도), "영어학적으로 본 양키문화의 실체"는 미국인의 이러한 완곡어법을 이해할 수 있도록 다음과 같은 여러 가지 예들을 제시하고 있다.

"*Does she or doesn't she*? Wear a bra, that is. The answer is increasingly apt to be no."(from *Newsweek*)(제13회, 1992년 5월 30일)에서 "Does she. or dosen't she?"라는 의문형은 원래 머리 염색약의 광고 카피에 쓰여 하나의 관용표현이 된 광고용어로부터 성적인 암시를 가진 일상어로 정착한 것이다. 다음의 예문도 다소 응용된 형태이지만 동일하게 성적 암시어로서 완곡어법으로 사용되고 있다:

> Machiavellian delight as I lump the good guys in one pile, the not-so-good in another. Think of the years that they've put us in the *will-she or won't-she, does she or doesn't she or doesn't-she* groupings. And I don't mean Lady Clairol! (from *The Divorcee's Handbook* by Louis Rohner)

위 인용문에서 크레어롤 여사(Lady Clairol)이란 모발 염색제의 대명사처럼 자주 쓰이고 있는 미국의 유명한 여성용 머리염색제의 상표 이름을 의미한다. 미국의 대학생들 사이에서 자주 흘러나오는 "Do it"이라는 말도 바로 성적인 완곡어법에 해당한다.

> Parents of students in co-educational college were as shocked as college officials some time ago to receive an issue of the campus newspaper with banner headlines proclaiming, "Seven Safe Ways to *Do it.*" (from *Sex and the College Student*)

"do it"와 같은 의미로 사용되는 완곡어법의 표현들에는 이 외에도 "make love", "go to bed with", "sleep with", "sleep around"

등이 포함된다. 그리고 성교 그 자체를 나타내는 속어 "fuck"에 대해 "four-letter word"라는 말이 대체되거나 "f...", "f***" 등이 쓰이기도 한다. 1920년대의 미국 대학의 여학생들은 흑인 용어에서 성교의 뜻으로 사용되는 단어 "jazz"마저도 마구 사용했다. 사회학자 토마스 래스웰(Thomas Lasswell)의 지적에 의하면 미국사회에서의 이와 같은 청소년 문화현상은 의무교육의 결과 중산계급의 청소년기 자녀가 근로 하층계급의 자녀와 접촉하게 됨으로써 그것을 배워서 부모나 연장자에 대한 반항의 상징으로 사용한 데서 생긴 것이었다.

완곡어법은 일반 사회, 청소년 사회의 문화에서 뿐만 아니라 각국의 정치가들의 문화에서도 많이 찾아보게 된다. 그래서 국제 외교 사회에서 이러한 완곡어법을 잘 알아두지 않으면 중대한 실책이나 결례를 범하게 되어 예기치 못했던 손실을 국가에 초래할 수도 있다. "grave consequence"(중대한 결과)와 "relocation centers"(이주센터)라는 두 용어는 태평양 전쟁에서 일본과 미국의 정치인들에 의해 중요하게 사용되었던 적이 있다("영어학적으로 본 양키문화의 실체" 18회, 1992.7.4). 1900년, 미국 이민법의 배일수정조항의 통과를 에워싸고 미국과 일본의 관계가 악화되고 있었을 때, 당시의 주미 일본 대사가 미국 국무장관에게 수교한 항의서에 이 "grave consequences"라는 말을 사용한 것이 계기가 되어 미일관계가 문자 그대로 중대한 관계로 전환되었다. "중대한 결과"란 흔히 전쟁을 나타내는 말이다. 다음은 당시의 상황을 설명한 윌리암 뉴만(William Neumann)의 글이다.

> Secretary Hughes was opposed to an exclusion amendment which he knew would be considered insulting in Japan. In discussing the pending legislation

> with the Japanese ambassador, the secretary encouraged the dispatch of an official note stating how seriously Japan would look upon exclusion. Ambassador Masanao Hanihara delivered such a note, deploring the "grave consequences" which would result in contrast to the present "happy mutually advantageous relations." (from *American Encounters Japan*)

미국의회 의원들은 "중대한 결과"가 선전포고의 뉘앙스를 품고 있다고 떠들어대 이민법의 수정조항을 거뜬히 통과시켰다.

그렇지만 40년 후에는 미일전쟁이 발발하게 된다. 전쟁이 일어나자 이제는 미국태생의 시민을 포함한 일본인계 약 11만 명이 내륙지방으로 "강제 이주"(relocation)된다. 여기서 이름은 이주이지만 실제는 강제수용을 의미했다. 전 오레곤 주지사였던 마크 해트필드(Mark O. Hatfield)는 다음과 같이 이러한 완곡어법을 비판한 바 있다.

> For the Japanese of Oregon had been through a traumatic period after Pearl Harbor. Those of Japanese ancestry, as it was euphemistically put, had been "relocated" - taken from their established homes and placed in compounds where they could be watched. (from *Not Quite So Simple*)

한편 윌리암 페트슨(William Peterson)은 미국 국내에 거주하는 일본인을 위한 "relocation center"(이주센터)라는 용어는 미국 정치인의 관제 완곡어법이라고 지적하면서 그 실상을 다음과 같이 밝히고 있다.

> In their function and mode of operation, these were essentially prison camps, but overlaid with a thick patina of official euphemism. In part with the professional help of social scientists, everything was prettified, beginning with "relocation center" or "project" for camp. The inmates were called "colonists" of sometimes "residents." (from *Japanese Americans*)

미국의 국내에서 뿐만 아니라 국제관계에서도 이처럼 미화된 표현으로 얼버무리는 경우는 허다하다. 정치적인 의도에서 이런 표현이 나왔음은 물론이다. 「타임즈지」(*The Time*)는 "A Pose Is a Pose Is a Pose"(뭐라고 말하든 포즈는 포즈)라는 제목의 기사에서 후진국을 의미하는 "underdeveloped country"라는 어휘는 외교 예의상 부르기가 사실상 부적합하기 때문에 유엔대표들은 안심하고 사용할 수 있는 대용어들을 새롭게 개발했다고 아래와 같이 소개하고 있다.

> Most of the newly independent nations(and many of the old ones) have scarcely caught up with the 20th century, but diplomatic politeness makes it unsuitable to refer to these countries as "backward" of even "underdeveloped." To close the word gap, U.N. delegates have developed a dictionary of discretion. Some euphemisms:
>
> Less privileged, less developed, developing, emerging, have-not, catch-up, low-income, needy, "poorest third" cursed by former Secretary-General U Thant), dependent, recipient and restless.

이와 마찬가지 이유로 "less developed country"(저개발국)이란 단어는 "less well-endowed", "emerging", "emergent"를 "country" 앞에 붙여서 쓴다. 담화문체론적인 전략의 일환으로 사용된 이러한 완곡어법적 표현들은 문자 그대로의 뜻에서 다소 벌어진 간격이나 거기에 담긴 문화맥락의 본뜻을 오해 없이 정확하게 이해할 수 있어야 할 것이다.

그런데 국가 간의 전쟁에 있어서 완곡어법은 말장난 또는 말의 트릭으로 전락되기도 한다. 그것은 자국에게 유리하게 선전하려 한다든가 부정이나 불의를 호도하기 위한 전략으로 쓰이기 때문이다("영어학적으로 본 양키문화의 실체", 20회, 1992.7.18). "war"(전쟁, 군사)와 "defense"(방어, 방위)라는 말은 분명히 다른 의미를 갖는 말이다. 그러나 이 단어에 "industry"(산업)라는 말이 따르면 "war industry"(군사산업), "defense industry"(방위산업)가 되어, 내용적으로 의미하는 것이 같게 되는 것이다. 바로 여기에 말의 트릭이 생긴다. "전쟁을 위한 산업"에서는 마치 전쟁을 하고 싶어 하는 것 같아서 너무 노골적이기 때문에 "방위를 위한"으로 바꾼다. 방위를 위한 것이라면 하는 수 없다는 정당성을 주장할 수 있기 때문이다.

다음의 용례는 미국의 베트남 전쟁 참전에 대해 방위산업을 위하여 일부러 베트남까지 갔다고 둘러대는 완곡어법을 비난하면서 방위산업의 실체를 폭로하는 월터 히켈(Walter J. Hickel) 전내무장관의 발언이다.

> It was after World War Ⅱ that we started to react to artificial fears to justify such things as compulsory military training and the creation of a "defense industry" dwarfing anything we had in the war. We were being led into the trap of no longer being the conscience of

> the world. In fact, in Vietnam we participated in the destruction of an ancient civilization.

미국의 군비지출을 일부 경제학자들은 "bads"(惡財)라고 이름 붙이면서 "defense industry"(방위산업)라고 속이지 말고 "war industry"(군수산업)를 써야 한다고 권고한다. 일간지인 「산데이 스타부리틴 앤드 애드버타이즈」(*The Sunday Star-Bulletin & Advertiser*)는 다음과 같이 지적하고 있다.

> Despite the uncharted waters we seem to be in, however, the past offers a guide to what might follow from sharp cuts in spending for national defense - all the goods and services for the military. I often call this the "war industry." Some prefer the term "defense industry."

일본이 일본군의 중국대륙 "침략"을 "진출"이라고 학교 교과서에 기술함으로써 마침내 일본과 중국(물론 한국도 포함) 사이에 정치문제로까지 비화되었던 사실은 전쟁 당사국이란 어떤 잔악한 짓을 하더라도 위장된 대의명분을 내새워 "정의"를 위한 것이었다고 둘러대는 문화적 전술의 구사에 능통함을 보여준다고 하겠다. 히틀러는 수백만 명이나 되는 유태인 학살을 "die Endlosung", 즉 "final solution"(최종적 해결)이라는 표현으로 불렀고 "liquidate undesirable elements"(바람직하지 못한 분자들을 처분하다)라는 말로 둘러대어 사용한 것도 이미 널리 알려져 있는 역사적인 사실이다.

완곡어법의 표현들은 전시에 각국이 발표하는 전황보고의

경우에 패배를 자인하지 않기 위해 많이 사용된다. 일례로서 "retreat"(퇴각, 후퇴)라는 단어를 들 수 있다. 일본 군부는 곧잘 "진출"이라는 말은 사용할 망정 결코 "퇴각, 후퇴"라는 용어는 사용하지 않았고, 수비하던 부대가 전멸하면 "玉碎(옥쇄)"(공명과 충절을 위해 깨끗이 죽음)라는 말을 사용했다. 영어에서도 마찬가지로 "retreat"(퇴각, 후퇴)는 禁句이며 "planned withdrawal"(계획된 철수) 또는 "strategic withdrawal"(전략적 철수)라는 말이 대신 즐겨 사용된다. "retreat"에는 패해서 도망간다는 뉘앙스가 강하기 때문이다.

걸프전(Gulf War)에서 사담 후세인이 미국의 최후통첩에 굴복하여 이라크군의 쿠웨이트 철수를 명령했을 때 이라크 군부는 이것을 "withdrawal"(철수)이라고 표현했는데 미국 측은 "무슨 말이냐, 그것은 전투에 패배한 이라크군의 "퇴각(retreat)이다"라고 반박하고 나섰다. 그러나 그러한 미국도 역시 월남전 당시에 전황이 악화되었을 때 "defeated" 또는 "retreat"라는 말은 사용하지 않았으며 다른 적절한 말로 얼버무리기 일쑤였다. 당시의 부통령 스피로 애그뉴(Spiro Agnew)가 "retreat"라는 말을 사용했다 해서 정직하다고 야유를 받았는데, 잡지 「드 프로그래시브」(*The Progressive*)의 기사에는 "retreat"에 대신하는 단어들이 여러 개 등장한다.

> It is time to say a kind word about Vice President Spiro Agnew. Among the platoons of official spokesmen who have spent the past few weeks explaining away the rout of South Vietnamese forces in Laos. Mr. Agnew was the only one honest enough to us the forbidden term "retreat." Or perhaps he just didn't get the world.
>
> To be sure, the vice president hedged his statement. It was "an orderly retreat." he said. "It was an orderly

> withdrawal in accordance with plan. They were not forced out."

후퇴하는 경우에만 완곡어법적 말장난을 하는 것은 아니다. 공격할 때도 "air support"(공중지원)와 같은 갖가지 우회적인 말이 사용된다. 미국이 한 때 중단했던 월맹에 대한 폭격 재개를 "protective reaction strike"(방어적 반격)이라고 말한 것은 당시의 레어드(Laird) 국방장관이었다. 이 폭격 재개 때문에 많은 미국 병사들이 전사했는데도 레어드 장관은 끝내 "protective"(방어적)라는 말로 폭격의 정당성을 강변했다. 영어를 타락시키는 완곡어법의 이러한 말장난에 대해 미국 상원의원 랠프 내더(Ralph Nader)는 다음과 같이 진술하고 있다.

> An invasion is termed an incursion. Air support is labeled interdiction. Military assistance is called "Food for Peace." There are countless ways to corrupt the English language and public policy. (from *Whistle Blowing* by Ralph Nader)

이렇게 기만적인 표현법들은 제국주의 강대국의 문화적인 전략적 발상법에서 나온 것이다. 침략을 정당화하는 제국주의 나라의 입장에서 보면 군사원조를 "평화를 위한 식량계획"이라고 부른 것은 걸작 중의 걸작이라 하겠지만 피침략국이나 약소국의 입장에 있는 국민은 문자 그대로 수용한다면 어처구니없는 무지에 빠지는 것이 되고 기만에 농락당하는 것이 된다 하겠다. 표면의 뜻과 속뜻에 거리나 차이가 있는 완곡어법은 미국사회의 정부 관리들이나 광고회사들이 사용하는 용어들에서도 많이 나타나고 있다. 따라서 이들과의 상호교류를 할 때면 이러한 언어적 표현법의 올바른 실체에 미리 준비되어 있지 않으면 사실과 괴리된 오해를 하게 되고 나아가 큰 손해마저 감수해야만 하는 결과를 초래하게 된다. 언어의 이와 같은 표현법은 특정의 그 사회계층이나 집단의 문화를 반영하고 있는 것이며, 문화적 전략에 이용한 측면인 것이다. 우리는 이러한 측면들의 실체를 올바르게 이해하고 특별한 경계심을 가져야 할 것이다.

4) 문화와 관련된 비언어적 의사소통

한국과 미국의 비언어적 의사소통에서 차이가 있는 '몸짓언어'(body language)에 대해 알아보자. 다음은 최현욱의 저서 『영어교육의 실제』 중에서 '한미문화의 차이'에 제시된 'C. Body Language' 부분을 따온 것이다.

56. K: A Korean lacks expressing his feelings on the face.
    A: An American is very good at expressing his feelings on the face.
57. K: Making a circle with a thumb and a forefinger means "money."
    A: It means "O. K" or "good."
58. K: Raising one's thumb means "the boss" or "the best."
    A: It means "victory" or "satisfaction."
59. K: Raising one's shoulders means nothings.
    A: It says that he has no idea.
60. K: Rubbing one's nose says nothing.
    A: When an American rubs his nose, it may mean that he is disagreeing with someone or rejecting something.
61. K: When a junior in conversation with a senior thrusts his hands into his pocket, it can be very nasty and impolite.

A: It is not impolite and nasty for a junior to talk with a senior with his hands thrusting in his pockets.

62. K: It is impolite for younger persons to sit on chairs with their legs crossed before older persons.

A: Younger persons can sit on the chairs with their legs crossed before older person.

63. K: When meeting a friend, women never kiss each other on the cheek ; a man and a woman who know each other never either.

A: Women will often kiss each other ; a man and a woman who know each other well may kiss each other on the cheek when they meet.

64. K: The following postures do not relate to pros and cons.

A: In a heated argument, most of the pros may sit with crossed knees and the cons with legs stretched out and arms folded.

65. K: When someone stares at some other on the street, it means that he has got angry enough to make a fight.

A: To look someone up and down on the street means that he is uncombed or unzipped.

아래 그림을 보고 미국인들의 몸짓언어(Body Language)의 의미가 한국과 어떻게 다른지를 구별해 보세요(Judith Tanka and Paul Most 1996, p.11).

> Look at the picture and tell what "body language" Herb and Peter are using. Are they looking directly at each other? Are they standing apart? Now discuss what the following gestures mean in the United States. Do they mean the same in your culture?

1. I don't know.	2. crazy	3. come here
4. Good-bye	5. hitchhiking	6. very good
7. very bad	8. Good luck	9. Yes
10. No		

미국인의 '코 문지르기' 행위의 해석은 다음과 같다.

People communicate with one another nonverbally, as well as with words. In general, when an American rubs his nose during the conversation, it may mean he is disagreeing with someone or rejecting something. But there are other possible interpretations, too. For example, suppose a student in conversation with a professor holds the older man's eyes a little longer than is usual. It can be a sign of respect and affection, and it can be a subtle challenge to the professor's authority. So people should look for the meaning in the context, not for an isolated gesture.

그리고 미국인의 '눈 맞추기'(Eye Contact)의 의미는 다음과 같다.

> Americans usually look directly into the eyes of people they are talking with. If someone does not make or keep eye contact, Americans might think:
>
> - that person is not telling the truth,
> - that person may not be listening, or
> - that person is impolite.
>
> When going through Customs and Immigration, it is very important to make and maintain eye contact with the Customs and Immigration officers.

(자료 출처는 Judith Tanka and Paul Most, *Interaction one: A Listening! Speaking Skills*. New York: The McGraw-Hill Companies, Inc., 1996. p.11)

문화 간의 차이와 관련하여 언어적인 측면에서 동일한 어휘항목이나 표현법을 두고도 각국의 국민들이 달리 수용하고 이해하는 여러 가지의 사례들을 살펴보았는데, 이와 마찬가지로 표정, 동작 등에 의해 마음 내부의 의사를 표현하는 이른바 신체언어(body language)에서도 국민마다 문화 차이에 의해 의미를 달리 수용하여 오해나 어색함을 야기할 때가 종종 있는 것이다.

프로라 데이비스(Flora Davis)에 의하면 모든 문화마다 그 자체의 고유한 신체언어가 있고 자라는 아이들은 그것의 뉴앙스를 구어와 함께 체득한다("How to read Body Language," in *College English Readings*, 1990. 부산대, p.391). 의사소통에 있어 큰 비중을 차지하는 부차언어가 문화가 다른 국민들에 의해 어떻게 차이가 생기고 오해가 발생하는지에 대해 아래에서 살펴보고자 한다.

데이비스(p.393)의 다음 진술문은 눈의 지속 동작이 한국인과 미국인 사이에 다른 의미를 가진다는 지적이다.

> In America when a student in conversation with a professor holds the older man's eyes a little longer than is usual it can be a sign of respect and affection; it can be a subtle challenge to the professor's authority; or it can be something else entirely. In Far East(Korea: 필자) it is impolite to look at the other person at all during conversation.

미국인 학생의 눈 지속 동작은 특정의 한 가지 의미만을 나타내지는 않지만 그 가능성은 대체로 위와 같이 될 수 있다는 것이다. 물론 현대에 와서 위에서와 같이 그처럼 한 가지 의미로 한정되는 것은 아니지만, 구세대 중에서 전통적인 유교문화를 고수하는 성인들에게는 여전히 사실로서 통용된다. 그것은 유교문화의 권위주의, 서열주의적 도덕에 기인하기 때문이다.

데이비스(p.393)는 눈 깜짝임 동작은 영국인과 미국인 사이에 있어서도 의미 차이를 보인다고 다음과 같은 예를 제시한다.

> In England the polite listener fixes the speaker with an attentive stare and blinks his eyes occasionally as a sign of interest. That eye-blink says nothing to Americans, who expect the listener to nod or to murmur something - such as "mmhmm."

몸자세는 미국인들에게 때때로 한 토론집단의 성원들 내부에서 그들의 찬성, 반대, 중립 등의 견해를 표현한다. 예를 들어 어느 파티에서 벌어진 토론 장면에서 급진 학생 운동에 대한 논쟁에 의해 좌중이 과열되어 있다고 가정한다면 각 진영에 따라 그들이 채택하는 몸자세는 견해의 차이에 따라 다음과 같이 나누어질 수 있다(Davis, p.395). 그러나 한국인의 경우라면 이러한 몸자세는 각자의 의견표시와는 상관관계를 맺지 않는 것이다.

> Most of the pros, for example, may sit with crossed knees, the cons with legs stretched out and arms folded. A few middle-of-the-roaders may try a little of each - crossing their knees and folding their arms.

아래에 든 예들은 국민간의 문화차이가 근접론(proxemics)적으로 반영된 상황인데 심각한 오해나 중대한 실책이나 무례함으로 잘못 나아가게 한다. 먼저 북미인과 남미인간의 차이가 인류학자인 에드워드 홀 박사(Dr. Edward T. Hall)에 의해 지적된 예이다(Davis, p.393).

> For two unacquainted adult male North Americans, the comfortable distance to stand for private conversation is from arm’s length to about four feet apart. The South American likes to stand much closer, which creates problems when the two meet face. For, as the South American moves in, the North American feels he’s being pushy; and as the North American backs off, the South American thinks he’s being standoffish.

그리고 미국인과 아랍인의 공간습관(space habit) 사이의 양립할 수 없는 차이점이 다음(Davis, p.394)과 같이 나타나고 있다.

> Arabs thrive on close contact. In some instances, they stand very close together to talk, staring intently into each other's eyes and breathing into each other's face. These are actions the American may associate with sexual intimacy and he may find it disturbing to be subjected to them in a nonsexual context.

동일한 문화권 출신인데도 나이, 교육, 성장 배경과 경험 등에 차이가 있는 사람들이 서로 얘기를 함께 나눌 때 어려움을 갖는 경우가 종종 있다. 하물며 상이한 문화권 출신의 사람들의 경우는 훨씬 더 커다란 여러 가지 어려움을 경험하게 될 것은 당연하다. 일반적으로 각 국민마다 자국의 문화규칙들에 기초하여 자기에게 전달되는 상대의 의사를 이해하게 된다. 그것은 침투력이 강한 그 사회의 문화적 조건화의 효과 때문이다. 외국어를 배우는 많은 사람들은 이해상의 장애물이 단지 언어라고 믿지만, 실상 그러한 언어를 단순히 배운다는 것은 출발의 단계라고 할 수 있을 만큼 문화적인 조건화에 의해 규정되는 수많은 어려움과 장애에 봉착한다. 자국의 문화와는 다른 문화권에 편입할 때 공간, 시간, 몸자세, 모습, 얼굴 표정, 신체 동작 등의 비언어적 영역을 잘 수행할 수 있는 준비를 해야만 의사소통에 성공할 수 있는 것이다. 인간은 각자가 자기에게 의미를 가지는 것만을 보게 되고, 듣고, 냄새 맡고, 느끼고, 맛볼 수 있다. 따라서 크로프와 박교수(Klopf & Park 1982)에 의하면, 각자는 자신의 자아세계에 적합한 것이면 그 모든 것을 선택하여 그것을 "자기 자신의 문화적 참조 틀"(the frame of reference of his own culture)에 따라 해석한다(p.105). 이들이 소개하는 다음과 같은 한국인과 미국인 사이에 일어나는 손짓 호출동작의 의미 차이도 역시 경우에 따라서는 중대한 불화의 원인이 될 수 있다.

> A Korean tells of how offended he was when he was beckoned by an American friend using the typical American gesture. It is accomplished with the hand in a palm upward position. The index finger is repeatedly and rapidly pointed at the individual called and then flexed toward the caller. The Korean became angry and felt insulted because in Korea this gesture is used to threaten someone or to call an inferior person or a child. The Korean gesture to call someone consists of waving the hand with the palm down towards the person called. Americans confuse this gesture with "goodbye."

미국인들은 한국인이 어떤 것을 실수하거나 잘못하였을 때 미안함이나 사과의 표현으로서 짓는 얼굴미소의 참된 의미를 전혀 이해하지 못함으로써 오히려 그들에 대한 모욕이나 경멸을 의도하는 것으로 오해하고 있는 사실이 밝혀졌다. 다음의 글은 신상일 씨가 「코리아 헤럴드지」(*The Korea Herald*)의 '독자의 광장'(*Reader's forum*, 1992.7.26)에 자신이 직접 경험한 세 가지 상황을 기술한 것인데, 한국과 미국 국민의 사고방식, 관습, 가치관의 차이, 즉 문화적 차이로 인해 어떻게 오해, 분노, 불화를 초래하는가 하는 점에 대해 영어회화 교수와 학생, 미국인 손님과 한국인 택시운전사, 골프회원이 되어 함께 골프를 친 미국인 장교들과 어느 한국인, 이러한 사람들 사이에 있었던 세 가지 사례를 통해 잘 나타내고 있다.[1)]

In my associations with Americans from various walks of life, I think the smile of the Korean people is least understood by the Americans.

Approximately 25 years ago, Mrs. Jones, an English conversation instructor, came into my study room with a flushed look, and asked me what I thought of a student's insulting behavior toward the professor. Her story was that while instruction was under way, a student came 15 minutes late to class, and sat down with a beaming smile and no look or word of apology.

Mr. Miller, who was startled at seeing a taxi driver cutting in the lane by violating the median strip, yelled at the driver, pointing to the strip, "Are you out of your mind?" The driver, scratching his head, passed him with a smile. Later Mr. Miller came to me in a fit of rage and said, "How could the Korean taxi driver be so brazen, by smiling?

The Korean American Friendship Golf Tournament is held several times a year at Camp Walker Golf Course of the 8th U.S. Army in Taegu to further strengthen friendly relations and understanding between the two countries. Capt. Smith was not only very good at golf but a superbly shrewd, refined U.S. army officer. He was so favorably impressed with Korean people during his two-year tour of duty here in our country that he made plans to live in korea to be an exporter/ importer after his discharge from military service.

1) The writer is president of Poongkook Industrial Co. and executive vice president of the Association of the U.S. Army, Taegu.

One day after a golf tournament, the captain appeared in a gasping rage at the Golf Council Meeting and said that he was going to file a formal protest to the insolent behavior of the Korean people. His story was that, some Korean golfers and caddies in the group ahead of his had caused problems by leaving ball marks on the green unrepaired and footmarks in the bunker unraked.

He angrily confronted the Koreans while they were taking a rest at the Halfway House by saying, "Don't you know the basic golf etiquette?" But none of the eight Koreans admitted their fault or apologized. Instead, they smiled at him while he was heatedly explaining to them with gestures, why they were wrong.

On this day, as there were many topics on the agenda to be debated at the council meeting, I soothed the captain by saying that I would explain the situation to him quietly after I had looked into the matters he spoke of.

위의 필자는 자기가 그 곳에서 소개한 미국인들이 잘못 알고 오해한 한국인들의 미소를 이해해 주기를 희망하면서 그 미소가 지닌 참된 의미를 다음과 같이 풀이하고 있는데 한국인이면 누구나 이해할 수 있는 당연한 것이다.

The smiles of the Koreans that made them angry are not intended to regard them with disdain or hold them in contempt but to admit their fault and beg their pardon or smile away their embarrassment in admitting their faults.

미국 L.A.에서 일어난 한국인에 대한 흑인 폭동 사건(1992.5)은 1,000개의 한국인 상점이 약탈당하고 불타서 소실되었으며, 한국인 2명을 포함하여 50명 이상이 살해되었고 수많은 부상자를 낸 대재앙이었다. 흑인 남성 로드니 킹(Rodney King)을 제지하는 데 과잉무력을 행사한 4명의 기소된 백인 경찰관이 법정판결에서 무죄방면된 것이 직접적인 감정폭발의 시발점이 되었지만 배심원 중에는 한국인이 포함된 것도 아니었다. 이 L.A.폭동 사건의 원인을 찾는다면 인종차별을 포함한 여러 가지가 복합되어 있지만 한국계 미국인 대학생인 신윤성(Shin Yeun-sung, a sophomore at a Concord Academy in Concord, Mass.)이 분석하듯이, 한국인과 흑인이 지녀온 문화 간의 오해로부터 발전되었던 것이다: "This shows that hatred has not continued from one generation to the next, but instead has evolved from a misunderstanding between two different cultures." (「The Korea Herald」 : *Reader's forum*. 1992, July 25).

이러한 오해 중의 하나가 한국인 상점에 물건을 사러온 흑인고객에 대해 눈을 쳐다봐 주지 않는 한국인 주인의 눈 시선 태도와 거스름돈을 직접 손에다 건네주지 않고 카운터에다 내려놓아서 주는 방식이었다. 한국인과 흑인의 문화차이에 의해 흑인들은 한국인의 이러한 신체동작(신체언어)을 인종차별로 오해하였던 것이다:

> Blacks often complained about Koreans being racist, explaining how they never looked about a black customer in the eyes, and slapped change money on the counter instead of giving it directly by hand. Koreans believed this to be a gesture of politeness,

> but the vast chasm of differences between the two cultures and led to a misinterpretation and the beginning of racial tension. (위와 같은 신문)

인종간의 이와 같은 적대감정을 해소하는 방안의 하나는 다른 국민의 문화에 내포된 사회문화적인 의미를 정확하게 이해하고 차이가 나는 문화를 상호이해에 의해서 되도록이면 빨리 동화하는 것이다. 또한 서로의 문화에서 유사성이 있고 긍정적인 측면들을 관심 있게 눈여겨 봐 주는 것이 필요하다. 만약 이질적인 두 나라 문화 간의 차이점을 언어적, 비언어적인 영역을 망라하여 여러 가지 문화항목에 걸쳐 상세히 대조하고 비교하는 분석 작업을 행함으로써 그 나라 국민의 내면에 있는 근본적인 의식구조나 심리적 체계, 가치관, 윤리 등의 여러 측면을 올바르고 정확하게 인지한다면[2] 국제적인 문화소통과 친선의 도모, 나아가 자국의 국민문화 소개와 발전에도 크게 기여할 수 있을 것이다. 크로프와 박 교수(Klopf & Park, pp.109-26)는 이질적인 두 문화 간의 원활한 의사소통을 위해 상대국의 문화를 동화하도록 훈련하는 의식화 작업을 "문화적 의식훈련"(cultural awareness training)이라고 명명하면서 구체적인 여러 가지 방안을 제안한 바 있다. 이 점에 대해서는 다음 장에서 상세히 논의할 것이다.

2) 이러한 대조·비교 분석법에 의한 한미문화 분석에 대해서는 최현욱, "영어 교육을 위한 한·미 문화의 비교"(부산대학교 사대 논문집 제23집, 1991, p.12)를 참조하시오.

2

문화비평과 문화 간 의사소통의 효과적 방안

이 장은 문화가 다른 두 나라 사이에 일어나는 문화의 교류와 문화 간 의사소통의 문제와 관련하여 유념해야 할 문화비평의 논점에 대해 알아보고, 외국문화의 올바른 수용과 적응을 위해 제안된 다양한 방안들에 대해 알아 볼 것이다.

1) 문화교류와 문화비평

언어학도들이 목표언어의 새로운 문화에 너무 일찍 노출되면 학습 대상국의 문화적인 사고방식에 젖은 나머지 주체의식과 애국정신이 희박해진다거나 사대주의 근성을 조장시킬 부작용을 우려하는 사람들도 없지 않다. 그러나 리버스(Rivers 1981, p.318)에 의하면 학생들을 이방인으로 만드는 것이 아니며, 또한 자기들의 문화와 관련된 가치와 사고방식을 포기하는 것이 아니라, 오히려 자기들의 문화에 기초한 기존의 도식(scheme)과 새로운 도식 간의 유사점과 차이점을 인식할 수 있게 함으로써 다른 문화와 관련된 사고방식과 가치기준을 더욱 잘 이해하게 하고 정확하게 해석할 수 있게 하며, 다른 견해와 행동유형에 대해 보다 더 관용적인 태도를 가지도록 한다고 본다. 이것은 문화 간의 이해와 국제적인 이익을 증진시키는 데 기여하는 일이 된다. 한국인과 같이 단일 문화만을 경험한 사람이라면 사람들은 다른 문화에 접근할 때 자기민족 중심적이 되어 자기와 다른 사고나 반응, 행동양식에 직면하여 문화적 충격(culture shock)을 받아 이 충격이 다른 부문에 까지 파장을 일으킨다.

외래문화의 수용태도가 무비판적이고 맹종적이라면 이는 실로 심각한 문제로 등장하지 않을 수 없다. 또한 만약 문화 쇼비니즘이나 문화 민족주의라는 독단과 자만에 빠지는 것 역시 마찬가지로 국가에 유해하다. 정보통신의 시대이자 최첨단 과학 기술의 시대인 현대는 하루가 다르게 급변하고 있다. 이제 과거의 역사에서 일부 국가를 통해 볼 수 있었던 폐쇄정치나 민족주의는 국제사회에서 낙오자로 전락할 뿐이다. 국제사회는 상호간에 긴밀하게 연결되어있고 상호의존, 상호작용의 관계구조 안에 들어가지 않을 수 없는 지구촌 시대라는 새로운 시대에 도달해 있다. 이와 같은 점에서 영어 교육자의 문화에 대한 태도는 어떠해야 할 것인가? 우리나라의 교육받은 지식인이라면 누구나 전통문화의 전승 및 발전과 재창조에 정진하는 한편 이를 해외에 전파하고 이해시켜 해외로부터의 친목과 이해증진을 진작해야 할 것이다. 그리고 우리자신의 문화적 능력에 긍지와 보람을 느껴야함과 동시에 새롭게 창조되거나 미처 알고 있지 못했던 외국문화를 신속하고 올바르게 이해할 줄 알고 비평적인 시각으로 건강하게 수용할 줄 아는 문화능력이 갖추어져야 할 것이다. 만약 과거의 아동문화 수입에서 보여준 감성적 편승을 증명한 'ET열풍'(李重漢, 金文煥 1987, pp.171-187 참조)이나 상당수의 사상자들을 내고 심각한 비극을 초래한「뉴키즈 온더 블록」(New Kids on the Block) 사건 등의 청소년 문화의 수용과정에서 나타난

에피소드가 보여주듯이 맹종적이고 무비판적이고 감정적인 수용태도가 국민정신을 얼마나 유해하게 하는가를 새삼 실감할 수 있고 문화비평 교육이 중요함을 깨달을 수 있다. 이와 같이 올바르고 진지한 문화관이 부재할 때 외래문화의 무비평적인 향유가 발생하므로 영어교사에게는 외래문화를 민족문화와 비교해서 볼 줄 알고 문화교육적 차원에서 학생들을 교육할 수 있는 능력이 요청된다. "외래문화의 수용과 갈등 - 특히 청소년의 문화환경과 문화능력으로서의 과제"에서 李重漢과 金文煥(p.173)이 지적한 다음의 진술은 주목할 만하다: "누적되는 과정에서 우리의 자라나는 새 세대는 그들의 모든 의식의 모양새를 외국문화의 상징들로만 구성해 갈 것이라는 사실이다. 월트 디즈니의 동물들은 알아도 한국산 호랑이 모습을 모르는 것이 어린이들이고, 「콩쥐 팥쥐」 이야기에는 무표정하면서도 「캔디 캔디」라는 일본만화의 주인공에는 매료되는 것이 우리의 어린이들의 현실인 것..." 우리가 외래문화를 수용하는 바람직하고 올바른 태도는 몰자아성, 몰자각성에 빠져서는 안 된다는 사실이다. 문화 간의 접촉에서 바람직한 수용태도는 자국의 전통문화를 잘 간직하고 남의 문화를 잘 받아들여서 그것을 자신의 기반으로 삼아 새로운 전통을 세워나가는 것이다. 중요한 관건은 한 문화가 그와 다른 이질문화를 수용하게 될 때 이를 용해하여 소화할 만한 전통문화의 힘을 갖고 있느냐 아니냐에 있다. 오늘날 가장 강력한 침투력을 행사하는 미국문화를 받아들임에 있어서 강조해야 할 사항도 자율능력의 기반이다. 타국의 타율적인 조작이나 정치성이 깔린 문화식민지 정책에 무의식적으로 말려들어 가지는 않는지 경계하고 자각해야 한다.

과거 우리나라의 역사를 회고해 보면 지식인들이 앞장서서 주변 열강의 문화적 제국주의(cultural imperialism)에 호응하였던 지적 풍토가 있었던 점은 반성해야 할 점이다. 전통적으로 중국인이 지니고 있었던 문화적 제국주의 사상, 즉 중국이 세계 문화의 중심이고, 그 밖의 나라의 문화는 변방(주변)에 지나지 않는다는 중화사상에 대해 우리의 선조들 중에서 많은 지식인들은 우리의 문화를 비하하고 열등하게 생각하면서 중국인의 문화를 숭배하는 모화사상이나 문화적 사대주의 태도를 공공연히 주창하였다. 그러면서도 그것을 부끄러워 하기는 커녕 자랑으로 삼았던 사실을 생각해 보자. 근세에 와서 우리는 36년 간 일본의 식민지 지배를 받으면서 그들의 문화적 제국주의 정책에 손발을 맞추며 그들에게 영합하였던 우리의 지식인들이 있었던 사실을 생각할 때 그것 또한 실로 부끄러워 할 일이 아닐 수 없다. 이와 같은 점에서 자국의 전통적 문화유산을 올바르게 보존하고 더욱 갈고 닦으며, 연구 개발하는 것이 국민 각자의 정체성과 자존심을 담보하는 데 얼마나 중요성을 지니는가를 새삼 인식할 수 있을 것이다. 이러한 인식에 대해서는 특히 해외에 나가서 각 나라마다 그들의 문화를 소개하라는 기회를 가지는 모임이 있었을 때 누구나 절박하게 체험할 수 있는 바이다. 한 나라의 국민이 자국 문화에 대한 주체적인 인식과 깊은 이해가 없이 열강의 문화적 제국주의 정책에 스스로를 매몰시키는 우를 범하는 일이 결코 있어서는 안 될 것이다.

역사적으로 세계의 모든 제국들은 공공연히, 아니면 암암리에 그들의 문화적 우월주의를 드러내고 있으며, 다른 나라를 그들의 눈 아래에 두어 얕잡아 보는 지배-피지배의 문화논리를 지녔던 것이 사실이다. 에드워드 싸이드(Eward W. Said)의 『오리엔탈리즘』(*Orientalism*)은 이 점에 대한 날카로운 분석과 경계심을 불러일으키는 저술이다. 그는 이른바 제 3세계의 문학과 문화의 저항논리의 대표적인 지식인이다. 그의 또 다른 저서 『문화와 제국주의』(*Culture and Imperialism*)도 그의 반제국주의적 서구문화 비판 이론서이다. 우리나라에서 근래에 외국문학을 수용하는 수용론 논쟁이 상당한 열기를 띤 바 있다. 싸이드의 저술과 이론은 그것을 뒷받침하는 중요한 논거가 되고 있다. 이른바 "굽혀 읽기", "버텨 읽기"라는 용어를 내세워 영미문학 읽기방식에 대해 새로운 관점을 제기한 강내희 교수의 논문, "영문학의 연구와 버텨읽기"(『외국문학』, 1987년 봄. 제12호)는 주목할 만하다. 그는 다음과 같이 서양문학 읽기방법에 대해 권고하고 있다. "서양문학은 서양문화의 산물이라는 점에서 그 문화의 특성이나 경향을 반영한다. 주지하는 사실이지만 서양문화는 오늘날 보편문화임을 자처하면서 군림하고 있다. 서양문학이 한국에서 번성하고 있는 것도 바로 그런 '보편성'의 단적인 예일 것이다. 그러나 김우창이 말하는 것처럼 서양문화가 자랑하는 '보편적 원리는 사실상 부분적이며 특수한 원리'이다. '그것이 보편적인 것으로 받아들여지는 것은 제국주의적 압력을 통해서인'인 것이다"(같은 책 p.131). "'버텨읽기'는 일종의 저항독서이다. 글이 어떤 억압의 체계를 가진다면 버텨읽는 것은 그 억압에 저항하는 것이기 때문이다. 이런 점에서 버텨읽기는 학문에 있어서 대상의 수용에만 몰두하는 '공부'의 방식과는 거리가 멀다. 공부의 태도는 공부하는 사람으로 하여금 자세를 낮추고 몸을 굽히게 하는 것으로 '굽혀읽기'의 독서방식을 택하게 된다. 버텨읽기는 반면에 독서자의 태도를 당당하게 만들고 그로 하여금 주체적인 학문을 하게 하는 '연구'의 방식이다"(같은 책 p.71).

영어교육자는 우리 청소년에게 외국문화의 수용능력과 비평능력을 배양하고 훈련시킨다는 분명한 문화비평 의식을 확보해야 한다. 만약 교사가 한국의 문화는 일반적으로 열등하다거나 영미의 문화는 훌륭하고 이상적이다, 또는 그 역이라고 생각하는 태도를 학생에게 보인다면 그것은 정말 문화적 주체성을 저버린 문화 사대주의자이거나 문화비평 능력을 갖추지 못한 교육자라고 할 것이다. 이와 같은 점에서 영미문화의 수용과 한국문화의 해외전달을 올바르고 바람직스럽게 수행하기 위해 영어교사 교육과정에는 외국문화의 지도 내용에 해당 지역 문화의 사회적 가치와 본질 등을 논의 평가하는 분야로서의 '문화 비평'이 포함된다면 바람직할 것이다.

올바른 문화비평에 대한 의식을 높이기 위해 해방 직후와 6.25전쟁 후에 미국의 방송전파 문화가 우리나라의 사회교육에 미친 악영향의 사례를 되돌아보자. 결론적으로 그 폐해는 정말 심각했었다. 이 환의가 쓴 저서 『방송교육론』(1976)에 의하면, "후방은 서울, 부산, 대구, 광주, 대전, 오산, 수원 등 전국 주요도시에 이르기까지 마이크로 웨이브에 의한 AFKN 방송망을 통하여 매일 흘러나오는 재즈와 록 롤, 팝송 따위의 서양풍 가요와 AFKN TV 및 미8군 쇼 스테이지에서 쏟아져 나오는 맘보, 림보, 차차차, 트위스트, 쿵후 등의 춤, 그리고 이 춤과 노래를 모창, 모방하는 가수와 무용수들의 의상, 헤어스타일 등은 해방 직후의 흑백정치 시기와 6.25 전후의 폐허된 진공사회에 완전히 서구식민지 문화, 퇴폐적인 양키문화를 범람시켰다. 그런데 국영, 민영 할 것 없이 한때는 국내방송들이 다투어 이들을 방송음파나 화면에 내보냈고, 그 여파로 젊은이 사회에서는 외국가요나 모창곡을 모르면 행세를 못하는 것으로 착각하는 사회풍조가 조성되었으니 AFKN과 미8군 쇼 무대가 이 나라 사회교육에 끼친 악영향은 그 어느 요인보다도 컸다고 말할 수 있다"(pp.155-56).

이와 같은 사실을 고려해 보면 외국문화를 이해하고 수용하고 교육할 때, 교육자는 균형 잡히고 폭넓은 지식을 가져야

함은 물론이고 남달리 문화적 비평의식을 지녀야 할 것이다. 이와 관련하여 올바른 외국문화에 대한 지식획득과 함께 문화적 비평의식을 위해 참고가 될 만한 글을 소개하고자 한다. 박권상은 그가 쓴 저서 『미국을 생각한다』(1985)의 '머리말'에서 다음과 같이 말하고 있다:

일제의 쇠사슬에서 풀린 지 40년, 분단상황 아래에서 좋든 싫든 우리는 미국과 특수한 관계 속에 살아왔고, 정치, 경제, 문화, 군사의 여러 측면에서 미국의 강한 영향을 받아들일 수 밖에 없었으며, 앞으로도 상당기간 미국과의 특수관계는 이어질 것이 분명하다. 이미 미국은 우리의 의식 속에 깊숙이 파고들었고 우리의 생활 속에 진하게 젖어 있다. 일방적인 '아메리카니제이션'의 거센 물결 속에 한 세대가 흘렀다.... 우리가 과연 완전히 초연한 독자적 관점에서 미국의 존재를 보고 느끼고 그리고 비판할 수 있는지, 그러한 관찰 능력이나 비판능력이 우리에게 있는 것인지조차 의아스럽게 생각될 때가 있다. 이것은 오늘을 사는 우리 세대에 매우 무겁고 어려운 멍애가 아닐 수 없다....미군의 주둔, 미국과의 교역, 미국유학, 미국과의 왕래 등 미국은 우리의 생존 및 생활과 직접 연결되고 미국적인 사고방식과 행동양식은 브라운관을 통해 우리 가정의 안방까지 스며들고 있지 않은가....미국은 어느 모로 보나 큰 나라이고 150여 인종이 모여 사는 복합인종의 합중국이기 때문에 그 복합성과 다양성은 쉽게 헤아릴 길이 없다. 장님 혼자서 거대한 코끼리의 극히 일부분을 만져보고 손끝으로 느꼈던 것으로 코끼리 전체를 논할 수 없듯이 여기에 수록된 글은 내가 주관적 시각으로 다룬 것으로, 결코 포괄적인 미국의 영상을 객관적으로 옮겨놓은 것은 아니라는 것을 강조 해야겠다(pp.5-7).

2) 문화 간 유능한 의사소통자가 되는 방안

사람들은 상대방 나라의 문화를 이상스럽고 불합리하며 열등한 것으로 잘못 받아들이기 쉬운데 이러한 잘못된 인식을 불식시키기 위한 방법에 대해서는 여러 가지로 생각해보아야 한다. 단순히 다른 나라 문화에 대한 설명적 정보만을 제공할 것이 아니라 문화적 상호작용을 통해 문화에 관한 행위적 기능을 개발하도록 기회를 제공하는 것이 필요하다. 예를 들면 역할놀이(role play)나 사회극(social drama)과 같은 활동에 직접 참여하거나 원어민의 가정이나 학교 등을 방문하는 기회를 주어 의사소통과 상호작용을 직접 체험하도록 하는 것이다. 외국어 교사라면 이러한 방법의 하나로서 문화에 관한 일정한 주제를 과제로 주어 학생들이 조사, 보고하도록 하고, 문화 간의 차이점과 유사점을 찾아 볼 뿐만 아니라 그렇게 된 이유와 배경을 탐구하도록 한다. 이는 문화적 능력을 배양하고 문화적 내용에 대해 정의적 집중(affective attention)을 시킬 수 있다. 이러한 방법에 대해서는 보다 폭넓고 종합적으로 알아볼 필요가 있다.

자국의 문화와 현격하게 다른 새로운 문화에 대한 적응과정에 대해 레빈과 아델만(Deena R. Levine & Mara B. Adelman, 1993)은 저서 『언어를 넘어서: 문화 간 소통』(*Beyond Language: Cross-Cultural Communication*)에서 아래와 같은 "W 패턴 다이어그램"이 되는 경우가 일반적이라고 말한다(pp.41-46). 새 문화에의 적응과정은 "신혼여행 시기"(honeymoon period)에서부터 시작하여 문화적 충격을 거쳐 통합으로 이행한다. 새로운 문화에 대한 반응은 다양하지만 명백한 단계들이 존재한다. 한 나라에 일 년간 체재하는 단기 적응의 경우는 아래 그림과 같은 W패턴의 다이어그램으로 나타날 수 있다는 것이다.

The Adjustment Process in a New Culture

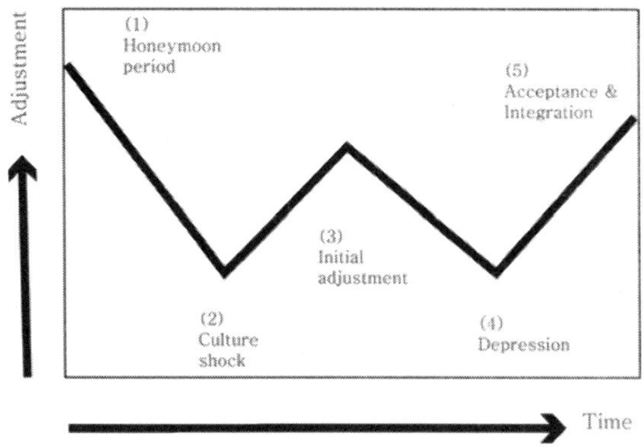

적응과정의 각 단계는 여러 증후들(symptoms)과 외적 표지들(outward signs)로 특징이 나타나는데 아래와 같은 다섯 종류의 행위들로 형태화(typifying) 할 수 있다. 즉 신혼여행 시기, 문화 충격, 첫 번째 적응, 정신적 고립, 수용·통합이다.

① *Honeymoon period*: Initially many people are fascinated and excited by everything in the new culture. The newcomer is elated to be experiencing a new culture. Interestingly, this level of elation may not be reached again.

② *Culture shock*: The individuals are immersed in new problems — housing, transportation, employment, shopping, and language. Mental fatigue results from continuously straining to understand the new language and culture.

③ *Initial adjustment*: Everyday activities such as housing and shopping are no longer major problems. The visitors may not yet be fluent in the spoken language, but they can express their basic ideas and feelings.

④ *Mental isolation*: Individuals have been away from their family and good friends for a long time and may feel lonely. Many cannot express themselves as well as they could in their native language. Frustration and sometimes a loss of self-confidence result. Some individuals remain at this stage, particularly if they haven't been able to find a job.

⑤ *Acceptance and integration*: A routine (e.g., work, business, or school) has been established. The newcomers have become accustomed to the habits, customs, foods, and characteristics of the people in the new culture. They feel comfortable with friends, associates, and the language in the new country. (같은 책 pp.42-43)

위의 적응의 각 단계들은 개인에 따라 다르게 체험한다. 어떤 사람들은 "신혼여행" 시기를 전혀 체험하지 않는데 그것은 새로운 나라에 온 환경이 너무나도 고통스러울 수 있었기 때문이다. 그리고 어떤 단계들은 다른 사람들에 비해 더 오래 지속되는데 새 이민자의 성격, 나이, 언어와 문화적 능력, 가족과 친구의 지원, 재정적 상황, 직장의 위상, 새로운 나라에 거주하는 동기 등과 같은 요인들에 따르기 때문이다. 그리고 변화에 대처하는 능력에 따라서 적응의 어려운 단계들의 어떤 부분들을 가속하거나 건너 뛸 수도 있다.

그러면 이민자들이 새로운 문화에 적응할 때 여러 가지 문제들을 겪고 있다는 사실을 어떻게 알 수 있을까? 전형적인 증후군(symptoms)에는 다음가 같은 것들이 포함된다고 본다:

① Homesickness
② Inability to work well
③ Too much eating, drinking, or sleeping
④ Anger toward the members of the new culture

⑤ Glorifying the native culture and emphasizing the negative in the new culture.
⑥ Withdrawal and avoidance of contact with people from the new culture
⑦ Lack of ability to deal with even small problems.

이러한 반응들의 모두는, 어느 정도까지 통상적이며, 건강한 적응에서는 비교적 짧은 기간이 되게 해야 한다. 이러한 반응들이 오랜 기간에 걸쳐 과도하게 지속된다면 그 사람은 일상적인 기반에서 기능을 수행하기가 어렵다는 것을 알게 된다.

각 이민자들마다 새로운 문화와 사회적 관계에 적응하려는 노력과 방법이 다양하게 나타나는데 아래의 내용은 적응을 촉진할 수 있는 효과적인 방안들이 될 수 있다. 예컨대 모국에서 온 이민자들 혹은 다른 나라 출신의 이민자들, 혹은 새 나라의 주민들의 그룹과 적극적으로 만나보는 도전을 하는 것이다.

> One of the most important things a newcomer can do to facilitate adjustment is to try to develop social relationships with people from one's own country, with other newcomers, and with members of the new culture. It is essential to try to develop a group of people with whom one can share new experiences. This is perhaps one of the fastest ways to begin to feel more at ease in another country. (같은 책 p.45)

그러나 때로는 이민자들이 모국의 문화와 새로운 문화 사이에서 문화적 변화를 두려워하기도 하는데, 어느 한 쪽의 문화를 거부하거나 혹은 어느 한 쪽의 문화만을 선택하는 것은 극단적이어서 바람직하지 못하다. 양자의 균형을 취하는 것이 필요하다.

> Sometimes newcomers are eager to integrate and choose to give up their own culture. (Some people refer to this as "going native.") Others are fearful of cultural change and cling even more strongly to their own cultural traditions. Both giving up one's own culture and clinging to one's traditions may be extreme behavior. Studies on cross-cultural adjustment suggest that maintaining a balance between two cultural patterns of behavior and beliefs can be helpful in the long term.
>
> If newcomers try to become aware of cultural differences and make some modifications without attempting to change their basic personality, they will probably adjust fairly well to the new society. Especially in the United States, where there is already so much diversity, the newcomer doesn't need to become a "carbon copy" of an American in order to be a part of the society. Newcomers can retain their individuality while becoming aware of differences. And, of course, some changes will have to be made. Feeling like "fish out of water" shouldn't last forever. (같은 책 pp.45-46).

앞에서 살펴보아 잘 알 수 있듯이 상이한 문화권 사람들이 모여 사는 미국과 같은 다종족, 다문화권 지역에서 생활할 때 문화 차이나 거리로 인해 여러 가지 어려움과 장애, 심각한 불화, 나아가 폭동마저 발생하게 되는 사례들이 있음을 알았다. 국제적인 교류나 사교에서 이질문화로 인한 문화소통의 장애를 극복할 수 있는 방안들을 찾아내어 미리 훈련해 둔다면, 그것은 문화적으로 상이한 국민들과의 관계에 있어 작용하는 서투른 감수성을 보다 원활하게 하고 상호간의 이해를 촉진하며 의사소통 능력을 증진하는 방안이 될 수 있을 것이다. 크로프와 박교수는 공동으로 저술한 책, 『문화 간 의사소통』(*Cross-Cultural Communication* 1982)에서 효과적인 의사소통 방안들을 제시하였는데(pp.106-24) 아래의 내용은 그것을 참조한 것이다.

(1) 그 나라 사람이 하는 대로 하라

이 방법은 원어민을 모방하여 원어민처럼 말하고 행동함으로써 원어민처럼 되어지는 것이다. 이러한 방법의 과정에는 말을 배우는 것뿐만 아니라 그 지역의 의상, 음식 등을 채택하고 그 나라 국민의 전형이 되는 생활방식에 맞추어 생활하는 것 등이 포함된다. “Do as the Romans do when in Rome” 이라는 금언에 이 접근법의 본질이 담겨져 있다. 이를 위해 그들의 관습과 가치를 완전하게 이해할 필요가 선행되며, 다음으로 말, 몸짓, 표정, 동작 등과 함께 비언어적인 행동면까지도 따라서 모방한다. 그러나 원어민으로 된다는 것 자체가 외국인 문화수용의 목적은 물론 될 수 없으며 그것을 성취한다 해도 오히려 바람직한 것은 못된다. 왜냐하면 그것은 사실상 자신의 자아를 육체적으로나 심리적으로 완전하게 변용해야만 가능하며 그러한 내적 변화를 성취한다 해도 그것은 자국 민족의 정체성이나 문화의 주체성이라는 문제가 제기되기 때문이다. 이 방법은 해외에서 생활하는 사람들이라야 자주 사용할 수 있을 것이므로 국내에서는 현실적으로 그 효과는 제한성을 지닌다고 할 것이다.

(2) 인지적 의식훈련을 하라

문화적 의식화 훈련의 일환인 이 방안은 다른 나라의 국민들과 그들의 문화에 관한 지식, 예컨대 사회적 성층, 개인의 취향체계(가치, 신념, 태도 포함) 등을 관심 있게 배워서 의식속에다 익숙하게 만드는 것이다. 관련분야의 책읽기 또는 해당주제의 강좌 수강 등이 수단이 된다.

(3) 행동으로 내면화하라

이 훈련은 문화 간 대화의 효과를 높일 수 있는 어떤 의사소통 기술들을 행동으로 외면화할 수 있도록 하기 위해 내면화하는 방안이다. 이러한 내면화는 자신의 행동적 체계가 필요한 상황에 임했을 때 자동적이고 무의식적으로 실행될 수 있게 하는 기교이다. 구체적 기교에는 다음과 같은 것들이 포함될 수 있다. ① 존경심을 전하라: 적극적인 관심, 권장감, 진지한 흥미를 보인다. ② 비평가적이 되지 마라: 평가적인 성격의 진술을 피하고 서술적 대화를 고양시킨다. ③ 지식과 인식을 개인화시켜라: 자기 자신의 가치나 신념, 태도, 경험, 교육 등이 상호교제에 어떻게 특징적으로 채색하는가를 인식하는 것이다. 이것은 자기 자신의 이야기가 절대적인 것이 아니라 상대적인 것으로 간주할 수 있게 객관화하는 데 도움이 된다. ④ 공감을 보여라: 자기 자신의 인성을 상대방의 인성에다 투사시킴으로써 상대방과 자기가 합일되게끔 노력하는 것이다. 이것은 달리 말하면 상대방의 참조틀에 의해 사물을 바라보는 것이다. ⑤ 역할을 유연하게 하라: 자기 자신이 자국 내에서 의사소통에 있어 수행하는 역할을 잘 인식하여 그것을 다른 문화권의 생활에 부합되는 방식으로 활용하는 것이다. 다른 한편에서 보면 이것은 상대방 문화의 사회적 성층 안에서 실행되는 여러 가지 역할에 관해 의식적으로 인식하는 것이다. ⑥ 상호작용하라: 참된 대화적 방식으로써 교감하는 것인데 말하기와 듣기의 차례를 바꾸면서 역할을 함께 나누는 방식이다. ⑦ 애매성에 인내하라: 확실하지 않고 애매한 언어와 정황에 대해 최소한의 좌절감과 불안감으로 인내하면서 대처해 나가는 것이다. 이상에서 말한 7가지 기교는 자국 내에서도 사회성원과 더불어 진실한 차원에서 의사교환과 문화적 소통을 이룩하고자 할 때 필요한 것인데 국제사회에서도 그대로 적용되는 기교이다.

(4) 스테레오 타입, 평가, 불안 등을 피하라

여기서 스테레오 타입이란 어느 개인의 성격이나 자질을 소속한 사회집단의 공통된 태도에 비추어서 그것에다 환원시킨 일단의 태도를 지칭한다. 이와 같이 지나치게 일반화시킨 태도는 사실을 객관적으로 볼 수 있게 하는 능력을 방해할 수 있다. 한 개인을 소속 집단과 동일시하는 연상작용은 선입견으로 작용할 수 있기 때문이다. 이러한 스테레오 타입은 외국의 이질적인 환경과 외국인들을 다루는데 있어서 미지의 위협성을 예측케 하여 안정감, 확신감을 증대시켜 주는 데 도움이 되기도 하지만 변화되기 힘든 딱딱함과 저항감이 붙게 하여 매우 비우호적으로 작용할 때가 많다. 크로프와 박교수는 몇 나라의 스테레오 타입들에 대해 다음과 같이 소개하고 있다.

> We label "inscrutable" the smiling Japanese we meet for the first time because that is the stereotype we learned. The Arab we meet is thought to be loud and animated, the Korean hot-tempered, the German orderly and precise, the Englishman stuffy and humorless, the Chinese shrewd and calculating, even though these stereotypes may not apply to the individuals we meet. (p.107)

스테레오 타입 다음으로, 문화 간의 원만한 의사소통을 위해서 피해야 할 "평가"의 내용에는 상대방에 대해 비난하기, 상대방을 좋다 아니면 나쁘다는 방식으로 나누기, 사람들에 대해 도덕적 판단을 내리거나 가치평가를 행하기 등이 포함된다. 이들은 과다하면 문화 간의 건설적인 교호작용을 파괴하기 쉽다. 평가적이고 비평적이기 보다는 서술적인 담론과 태도가 대화를 지속할 수 있도록 하고 호의적이고 적극적인 분위기나 감정을 불러일으키기가 쉽다. 그래서 논평을 할 때는 중립적인 태도가 바람직한데 그것은 사람 중심보다는 아이디어 중심의 태도를 견지함으로써 가능할 수 있다.

마지막으로 피해야 할 것이 "불안"이다. 이것을 피할 때 상대방을 편하게 해 줄 수 있다. 만약 불안한 좌절감과 긴장감이 상황 대처능력의 무능함에 의해 초래된 자존심의 상실과 복합된다면 친숙한 분위기를 해치고 통제 불능의 무력감에 압도당할 수 있다. 그러면 심리적으로 부정적이고 적대적이며 합리화하는 대응자세로 나아가기 쉽다. 이른바 문화충격(cultural shock)은 이러한 불안 심리의 보다 심각한 형식인데 이것은 효과적인 의사소통은 말할 것도 없고 사회적, 문화적인 소통을 완전히 상실하게 한다.

(5) 인류학자의 괄호로 묶는 자아: 자아와 타자의 이중성을 활용하라

문화인류학자가 낯선 이질문화를 정확하고 왜곡이 없이 탐지할 수 있도록 하는 데에 이 방안이 권장된다. 인류학자 크하르(Khare 1992, p.1)는 문화적 타자(the cultural other)를 참으로 이해한다 함은 자신의 자아를 참으로 이해하는 것과 다르지 않다고 말한다. 자아-타자 변증법(the self-other dialectic)에서 타자를 연구함은 그 타자의 문화적 다양성과 함께 포괄적이고 내재적이며 달리 환원할 수 없는 존재를 이해함을 의미한다. 그러나 타자 자체가 고유하게 지니고 있는 인식력, 재현력, 그리고 때 묻지 않은 설득력에 근거를 두고서 그 타자를 새롭게 인식한다고 할 때 그러한 방식의 타자 인식은 자기 자신의 자아정체(self-identity)에서 풀리지 않은 문제들을 검토하는 것과 다르지 않다고 본다. 크하르의 이러한 문화적 타자 인식법은 타자를 마주 대하는 방식에 의해 '자아' 또는 '우리'를 규정하는 문화적 정의나 역사적 위치 매김의 기준이 된다(p.2). 이와 같은 점에서 본다면 타자는 이중성을 지니고 있고 대체성을 함의해 있는 실체이다. 여기서 크하르(p.4)는 "타자적 자아"(the other I/the other's I)라는 용어를 조어한다. 인류학자는 이러한 개념과 신념에 입각하여 문화적 타자를 하나씩 밝혀야 하고 타자는 이중성(the other's double)으로서 다루어져야만 할 필요가 있다. 이것을 가능할 수 있게 하려면 연구하는 인류학자 자신의 괄호로 묶은 자아(bracketed self)가 요구된다. 자아를 괄호로 묶는다는 말은 이질적인 타자의 문화를 대할 때 자국의 문화 안에 살아오면서 자아의 의식 속에 교육이나 경험에 의해서 습득하고 쌓아온 지식을 그대로 적용하기 쉽기 때문에 문화적 참조틀로서의 자아를 선입관이 작용하지 못하게 묶어서 객관화, 중립화하는 것을 의미한다. 이러한 방법은 현대의 현상학 철학에서 강조하는 방법적 개념이다. 실재나 眞我(real self)와의 합일은 일체의 선입관과 인습적인 관념을 떨쳐 버리고 '지금', '여기'라는 현존적 자아, 다시 말해 현상학적 자아(이러한 자아를 순수자아, 또는 순수의식이라고도 한다)에 환원될 때 비로소 실현된다고 보는 것이다. 그러나 이러한 방식의 자아환원이란 말처럼 그렇게 쉽지 않을 것이므로 이를 위해서 평소에 지속적인 훈련을 쌓아두면 도움이 될 것이다.

(6) 역할 연기법을 실행하라

역할 연기법은 실제생활에 기초를 두고 만든 하나의 짤막한 연극에 참여자들을 편입하는 것이다. 참여자들은 맡은 대사를 극의 진행에 따라서 즉석에서 연기하며 허구적으로 구성된 상황을 마치 현실인 것처럼 연출한다. 초빙국의 여러 계층의 사람들과 관습들을 포함시킨 다양한 유형의 상황들을 역할 연기를 위해 개발할 수 있다. 역할을 분담한 연기자들에게 특정의 문화에 중요성을 띠고 있고 문화적 가치가 들어있는 의미있는 태도나 사건과 상황 등을 연기하게 한 후에 관전하고 있던 다른 성원들로 하여금 그들의 경우라면 나름대로 선택했을 행동반응을 제시하게 하여 비교하고 토의하게 한다. 이와 같은 역할 연기법은 문화 간의 상이한 여러 상황에 참여한 사람들의 역할에 대해 보다 나은 이해력을 개발하도록 도와주고 방문국 국민들의 풍습에 대해 미리 배워서 그들과 행동적으로나 언어적인 대화로나 그것을 실제로 실행할 수 있게 도와준다. 이것이 성공을 거두려면 어떻게 기획하고 평가 작업을 얼마나 잘 수행하는가에 달려 있다.

(7) 모의실습 놀이를 하라

상이한 문화를 재현하게 하여 경험하게 하는 탁월한 수단들 중의 하나가 놀이이다. 놀이는 자국 사회와 대비되는 타국사회의 문화에 내포된 여러 가지 상이한 차원들을 반사하는 거울로서, 또는 자국 자체의 문화적 관심사들을 강조적으로 보여주는 역할자로서 도움을 준다. 한 문화의 사고패턴, 행동방식, 가치, 스테레오 타입, 또는 여러 가지 다른 구조 등은 흉내내기 놀이를 통해서 효과적으로 탐색할 수 있다. 여기서 얻은 경험은 참여한 개인들에게 자신의 행위와 그것이 나타내는 효과에 대해서 책을 읽는 것이 결코 줄 수 없는 통찰을 제공할 수 있다. 보통 흉내내기 놀이는 두 개의 구별되는 문화를 동시에 다루는데 그럼으로써 거기에 존재하는 대비적인 가치와 역할행위들을 두드러지게 부각해 준다. 이것의 과정화에는 중요가치의 충돌에 대한 검색, 그 집단의 특정한 역할에 관련된 개인적 또는 집단적인 핵심쟁점들에 대한 분류, 개인이 수행할 역할행위들의 난점, 상황을 보는 대안적 방식들에 대한 구체화 등이 포함되어야 한다. 놀이가 연기되고 나면 두 문화 간의 비교와 분석이 뒤따라야 한다. 이것은 상호작용의 심도 있는 이해를 위해 비평적 중요성을 지니기 때문이다. 토의를 위해 적어도 한 시간 정도를 별도로 설정한다. 참여자들은 참가경험에 대한 자신들의 느낌을 정리한 다음 자신의 반응에 관해서 서로에게 피드백을 주도록 권장되어야 한다. 여기서 지도자는 구성 집단의 의식 속에다 실제의 쟁점들을 부각시켜 공유하도록 유도한다.

(8) 문학류의 대조분석을 하라

문화적으로 다른 나라의 옛날부터 전래되는 속담, 민속문학, 역사 등의 문학적 자료들[3]에 대해 대조분석을 하는 것은 역시 서로 다른 두 나라의 문화패턴과 사고방식을 탐구하는 좋은 방식이 된다. 학습집단의 각자가 서로 상대국의 문화로부터 하나의 속담을 선택하여 그 의미를 설명하고 문화 간에 교대하면서 속담의 주제, 문체, 의사소통적 힘 등에 대해 토론을 한다. 훈련교사는 많은 속담을 학습하도록 하기 위해서 국민문화가 반영된 민속에 대해 기술한 도서들을 참조해야 한다. 어떤 문화에서는 속담은 일상생활의 말과 대화 속에 얽혀 있고, 출생, 결혼, 죽음 등과 같은 중요한 상황이 보존되어 있는 것이다.

(9) 사례연구를 하라

최대한 현실에 가깝게 기술한 실제상황에 대한 유추적 분석을 사용하는 방식이다. 문제의 상황에 대해 간략하게 기술한 진술문이 사례(case)이며 이것이 토론집단에게 제시된다. 각 구성원들이 사례를 연구 검토한 후 토론을 한다. 하나의 사례에는 일련의 의문사항들을 수반시킨다. 그리하여 구성원들은 그 문제를 읽은 후 토론하면서 답변하도록 애쓰게 한다.

---

3) 한국 쪽에 대해 유용한 것을 소개하면: 李基文『韓國의 俗談』(서울: 삼성문화문고, 1980), 林在海『민속 문화론』(서울: 문학과 지성사, 1986), *Korean Folk & Fairy Tales* Retold by Suzanne Crowder Han(Seoul: Hollym Co.,1991), *Ten Korean Short Stories* trans. by Kevin O'rourke(Yonsei Univ. Press, 1981), Kyung Cho Chung, Phyllis G. Haffner, and Frederic M. Kaplan, *The Korea Guidebook*(New York: Harper & Row, 1990), Carter J. Eckert, Ki-baik Lee, Young Ick Lew, Michael Robinson, and Edward W. Wagner, *Korea Old and New: A History*(Seoul: Ilchokak, 1990)

(10) 문화적 자기의식을 개발하라

외국인과 함께 수행하는 상호작용과 문화소통을 효과적이고 성공적으로 이룰 수 있기 위해서는 다른 나라의 문화뿐만 아니라 자국 자체의 문화에 대한 감각을 높여야 하고 그것을 충분하고도 완전하게 이해해야만 한다. 우리가 한국인이라면 한국 국민이 상호간에 공통으로 나누어 가지고 있는 문화적인 보편적 특징은 무엇인가, 그리고 한국 사회의 기초를 이루고 있는 것은 어떠한 가치와 전제들인가[4] 등에 대해 알아야만 한다. 그리하여 자국의 문화와 다른 나라의 문화를 구별짓게 하는 특질들을 알아내고 문화적 자기의식을 개발해야할 필요가 있다. 이를 위해서는 한국 문화를 규정짓는 역사, 종교, 철학, 정치, 경제, 교육 등의 체계에 대한 연구와 학습이 요구된다.

(11) 자기인식 훈련을 하라

자기나라 문화의 전달자로서 보다 더 깨어난 의식을 갖도록 하고 자신의 참된 문화적 자아를 발견하도록 도우기 위해 고안된 훈련방법으로서 몇 개의 표본을 들어 보면 다음과 같다.

4) 이를 위한 자료로서는 한국정신문화연구원에서 정신문화 문고의 형태로 펴낸 나학진 외 『종교와 윤리』(1988), 윤병식 외 『종교철학과 노동의 의미』(1985), 이부영 외 『한국인의 성격』(1988), 이홍우 외 『한국적 사고의 원형 - 그 원천과 흐름』; 신원문화사에서 펴낸 총서인 이규태 저 『동양인의 의식구조』(1992), 『선비의 의식구조』(1984), 『서민의 의식구조』(1992), 『한국인의 의식구조』 1, 2, 3, 4(1992) 그리고 문일평 『한국의 문화』(을유문화사, 1971) 등이 유용하다.

① 자기에 대한 관찰

대부분의 사람들은 여러 층의 자아인식과 가정을 지니고 있다. 여기서 "나는 누구인가 훈련"(who-am-I exercise)의 자문 형식은 자기 자신의 문화적 전통의 성격을 보다 깊게 들여다 볼 수 있게 한다. 1단계에서는, 피훈련자가 정서적으로 방해받지 않을 장소에 조용히 앉게 한다. 꺼낸 종이에다 날짜를 적고 주제인 "나는 누구인가"(Who am I)를 맨 위에다 쓰게 한 다음 이 질문에 대해 가능한 자유롭고 정직하게 기술하도록 한다. 20분 동안의 시간을 준다. 2단계에서는,피훈련자가 편안한 자세로 앉게 한 다음 두 눈을 감고 마음을 깨끗하게 비우게 한다. 이제는 "나는 누구인가"에 대해 마음에 떠오르는 모든 심상들을 쓰도록 한다. 이 시점에서 중요한 것은 사고하거나 추론하려고 애쓰지 않도록 한다. 단지 하나의 심상을 쫓아서 보게 되는 바를 가능한 자세하게 기술한다. 20분간의 시간을 할애한다. 3단계에서는, 피훈련자들로 하여금 그들의 문화적 자아에 대해 얻은 나름의 인식을 나머지 사람들과 나누어 보도록 하고 그들 자신의 문화적 본질이라고 생각했던 것에 대해 독특했던 세목들을 확인하게 한다. 시간 여유가 있으면 이것을 계속한다.

② 시각적 인상을 토론하기

피훈련자들에게 사회적 교제나 대중 집회의 사진 10개를 마련하여 각각의 그림을 보여 주고 각 그림에 적합한 이야기를 창작하도록 한 다음 그림의 여러 장면들에 대해 가진 각자의 인상들, 관찰들, 반응들, 해석들 등을 토론하게 한다.

③ 가치 목록을 토론하기

피훈련자들이 자신이 생각한 가치와 동료들이 생각한 가치의 상대적인 중요성을 토론할 수 있게끔 아래와 같이 왼쪽에는 자국에 전형적인 가치들로서 보편적으로 확인된 가치목록을 마련하고 오른쪽에는 가치의 서열을 정할 수 있게 10개의 공란을 비워둔다.

	Values 가치목록	Rank Order 가치서열
a.	beauty(the arts, nature) 미(예술, 자연)	1..........
b.	comfort(material security) 평안(물질적 안정)	2..........
c.	equality(equal treatment) 평등(평등한 대접)	3..........
d.	freedom(independence) 자유(독립심)	4..........
e.	friendship(close companionship) 우정(친밀한 동료애)	5..........
f.	health(physical and mental) 건강(육체적, 정신적)	6..........
g.	justice(fairness and integrity) 정의(공정성, 성실성)	7..........
h.	love(sexual and spiritual) 사랑(성적, 정신적)	8..........
i.	peace(harmony among people) 평화(사람들 사이의 조화)	9..........
j.	social acceptance(attractiveness, feeling important) 사회적 인정(매력, 자신의 중요성을 느끼는 감정)	10..........

피훈련자가 순서를 선택하는데 15분을 주고 다음에는 비슷한 순서를 가진 집단을 찾기 위해 동료들과 목록을 비교하는데 15분을 할애한다. 그리고는 각 집단이 함께 토의하여 15분 이내에 공통의 여론을 추출하도록 한다.

④ 자긍심 문제 풀기

이 연습은 피훈련자가 자국의 문화로부터 획득한 믿음, 행동, 태도 등에 대해 얼마만큼 자긍심을 지니고 있는가에 대해 그 강도를 알 수 있도록 도와주는 기법이다. 훈련교사는 어떤 특정의 영역이나 쟁점과 관련하여 무엇에 대해 자긍심을 갖는지 생각해 보도록 묻는다. 그리하여 훈련교사의 아래와 같은 질문에 대해 피훈련자가 "나는 ...을 자랑스럽게 여긴다"(I'm proud of ... / I'm proud that ...)로 시작하는 말로 응답하게 하고 답을 끝내면 다음 질문으로 넘어간다. 다음은 질문의 표본이다.

1. What is something about your country of which you are proud?
   여러분이 자랑스럽게 여기는 여러분의 나라에 관한 어떤 것이 있다면 무엇입니까?
2. What is something about another person's country that you are proud of?
   여러분이 자랑스럽게 여기는 타인의 나라에 관한 어떤 것이 있다면 무엇입니까?
3. What are you proud of in relation to your family?
   여러분이 여러분의 가족과 관련하여 무엇을 자랑스럽게 여깁니까?
4. What are you proud of in relation to your philosophy of life?

> 여러분은 여러분의 철학과 관련하여 무엇을 자랑스럽게 여깁니까?

위의 질문들에 대한 답변에서 주의할 것은 답변하도록 요청한 자긍심의 형태가 자랑을 삼거나 허세를 부리는 종류가 아니라 자기 인생의 어떤 면을 "소중히 여긴다"(I cherish)는 의미가 되도록 해야 한다(Klopf & Park, pp.121-23 참조).

지금까지 대중화, 일반화되어 사용되고 있는 '문화'의 개념에 대해 포괄적으로 개관함으로써 문화라는 어휘의 개념과 그 용법을 분명하게 하였고, 삶의 현장에서 영위되고 있는 인간 활동의 거대한 영역이 모두 다 실제로는 문화적인 범주와 개념으로 포착되고 조명될 수 있다는 전망을 확립해 보고자 했다. 아울러 문화가 공간과 사회적 계층에 따라 상대성을 가지고 있다는 점과 국제무대에 있어 상이한 두 개의 문화가 상호작용할 때 각 국민의 문화적 개념이 다름으로써 현장에서 발생하는 의사소통상의 여러 가지의 오해, 갈등, 불화의 문제를 제시하였으며, 그것을 해소하는 효과적인 방안이 무엇인가에 대해 외국어 교육과 관련지어 살펴보았다.

다음 글은 영자신문인 「코리아 헤럴드」(*The Korea Herald*)의 '독자의 광장'(*Readers' forum In my view*)에 아프리카계 미국인이면서 아시아학을 전공하는 학자인 함자 오마르 크마르(Hamza Omar Cramer)가 기고한 글, "문화교육"(Cultural Education)인데, 국제사회에서 민족들 간의 분쟁과 갈등과 불화를 없애고 우애와 이해와 화목을 도모하기 위해서는 각 민족 간에 부단히 문화적 소통을 꾀하는 문헌 번역 작업과 문화교육의 필요성이 요청된다고 역설하고 있다. 지금까지 세계의 종족들

간에 개입되어 왔던 유럽 중심주의, 즉 유럽 민족은 다른 민족보다 우월하고 중심에 있으며 지배자인데 반해, 다른 민족은 하위적, 주변적, 종속적이고, 유럽 민족의 지배를 받아야 하는 위치에 두어 왔던 유럽인의 잘못된 식민주의와 제국주의에 영합되는 일이 없도록 경계해야 하며, 인종차별주의와 문화차별주의가 더 이상 계속되지 않도록 각 종족문화간의 소통과 교류를 활성화해야 할 필요가 있다는 크마르의 제안은 절실하게 필요로 하는 하나의 인류적인 과제이다:

> Regarding the Los Angeles riots, the irresponsibility of the media has resulted in the spread of violence to Korea. The assault of African-Americans in Korea is due to a hypocritical manipulation of facts. Attacks on African-Americans and other Africans residing in Korea have gone unnoticed by the media. Retaliatory attacks by Koreans on Africans have occurred on college campuses and near military installations.
>
> The conflict between Koreans and African-Americans is a grave tragedy. It is essential that the two groups make peace and engage in mutual efforts to resolve this conflict and combat racism. Korean and African-Americans have been subjected to racial violence and discrimination; perpetuated by Euro-American culture. Racism is something that each ethnic dichotomy emulates from Euro-American culture. There is little in each group's indigenous history that can be classified as racism. African-Americans are upset with the American government for ignoring their interests and are not truly angry with Koreans. The tensions are being exasperated by the media's biased portrayal of events.
>
> ...

With all the supposed progress America has brought to Korea, I submit that in the end all the alcoholism, materialism, prostitution and other vices which are included in the package of Westernization, will ultimately destroy Korean culture and civilization. Take Singapore as an example of a country that was under British dominance. Since Singapore has been independent they have prospered economically. In addition all the decadence departed with the British, who cultivated prostitution, drugs and racial prejudice.

The corrosion of Korean traditional values is already occurring like a carcinogenic that gradually destroys the body. The intoxication of Westernization prevents Korean people from discovering they are not truly free of colonialism. In the past it was the Japanese who were the colonial masters but now there is a new colonial master in town and his name is grandwizard Uncle Sam. He hypocritically preaches democracy and utilizes technology and progress to disguise his economic and cultural domination. Unfortunately, many Koreans are enslaved by the irresistible desire for Americanization. When the intoxicating affect wares off the truth will be discernible.

...

The Korean flag symbolizes the Taoist concept of the universe, that there is balance and opposition which produce harmony. Sometimes what appears good is actually bad and sometimes what appears bad is in reality good. Truth is sometimes seemingly paradoxical. Therefore, although Americans appear to have done much good for Korea actually it may not be true and time will determine.

Cultural education is the solution to foster mutual

respect and understanding between all of us. Most Americans are ethnocentric and rarely attempt to learn other languages and cultures. Koreans are to be commended for their efforts in learning English and Western culture. Increased cultural exchange programs are highly recommended.

I challenge Korean people to study the contributions of African-Americans and Africans to world civilization. I caution against studying Eurocentric sources. Some suggestions are the works of Diop, Sertima and Clarke. As an Asian studies scholar I hope that I and other Westerners capable of understanding Asian languages and culture will translate these works into Korean and other Asian languages one day. This will cultivate mutual respect and understanding.

Friendship societies should be founded to bridge the cultural gaps between African-Americans and Koreans. Then we will discover the solutions to the current conflicts. Communication and cultural education is the first step toward peace and understanding.

이와 같은 점에서 외국어 교육에서 문화교육은 대단히 중요한 목표이어야 한다. 외국어의 네 가지 언어기능인 듣기, 읽기, 쓰기, 말하기의 습득은 그 언어가 쓰이고 있는 권역의 문화를 이해하지 않고는 완전하게 이루어질 수 없다. 국제화, 세계화 시대에서 세계 각국의 국민들이 만나서 서로 의사소통을 할 때 문화적인 요인을 잘 알아 두어 상이한 사고방식, 생활관습, 행동관행을 사전에 이해함으로써 원활한 정서적 정신적 교감을 이룰 수 있게 되는 것임을 앞서의 논의에서 강조하였다.

앞에서 다루었던 문제들을 다시 요약하면, 문화 간의 거리에는 언어표현적인 측면과 비언어적인, 즉 신체, 표정, 근접거리 등의 측면이 있다. 이러한 두 가지 측면에 그 나라 국민의 문화가 용해되어 있는 것이다. 흔히 발생하는 문화의 차이와 거리에 의한 의사소통상의 오해와 불화를 해소하고 상호간의 이해를 깊게 할 수 있는 방법 가운데 가장 중요한 것이 외국어 교육에 있어 문화교육인 것이다.

앞에서 외국어교육과 관련하여 살펴보았던 문화교육의 내용과 목표는 다음과 같이 세 가지 측면으로 요약할 수 있겠다. 즉, ① 쌍방 간에 차이(거리)가 있는 것을 정확하고 올바르게 이해하게 하여 오해를 없애고 의사소통을 원활하게 하는 것 ② 타방에 없고 자국에 있는 문화를 소개 전파하여 그 인식을 새롭게 해 주는 것 ③ 쌍방에 유사성이나 동질성이 있는 항목을 발굴해 내어 상호교환을 함으로써 공감대를 확산하고 국제이해나 친선을 도모하는 것. 이와 같은 세 가지가 빠짐없이 이루어져야만 이상적인 문화소통이 이루어질 것이다.

아래에 제시한 것은 한국과 미국의 문화적인 차이가 커서 상호적으로 쉽게 수용될 수 없는 문화적인 기본단위들과 그 중요한 항목들을 대조분석적인 방법으로 제시한 것인데, 최현욱의 저서 『영어교육과 실제』(1992) 중의 '한미문화 비교'에 관한 사례이다. 이는 한미문화의 비교에서 극히 일부분에 속하는 기본적인 사례일 뿐이다(pp.31-46). 모두 7개 기본단위와 65개 항목이며, K는 한국인 일반대중을, 그리고 A는 미국인 일반대중을 가리킨다. 7개 기본단위는 ① way of life ② sexual and human relationship ③ in the home ④ shopping ⑤ education ⑥ way of thinking ⑦ body language 등이다. 이들 중에서 'body language'는 이미 앞의 'body language' 부분에서 언급한 바 있다.

A. WAYS OF LIFE

Ⅰ. Greetings, Introductions, and Leave-takings :

1. K: People bow as a greeting; then, bowing is a sign of respect.
   A: People never bow; in addition, bowing is a sign of subservience or extreme formality.
2. K: Younger persons should first greet older persons.
   A: First see, first greet.
3. K: Koreans like to ask personal questions as a sign of friendly concern or even of affections.
   A: Americans believe that privacy should not be talked about freely even with their friends.
4. K: "Where are you going?" is one of the greetings when Koreans encounter their friends or acquaintances in the street. In this case, most of time Koreans do not ask for specific and concrete information, that is to say, destination.
   A: Such a question is rarely used as a greeting.
5. K: Humility is a virtue when younger person see older ones.
   A: Being humble appears strange.
6. K: Youngers should be reticent about their feelings in front of elders.
   A: American young people feel free to express their feelings or opinions in front of the olders.
7. K: Juniors must not call their seniors by name ; instead, juniors put such words as "brother", "sister", or official position title after senior's given name or family name.
   A: Juniors may call their seniors by name, particularly their first name.
8. K: Koreans never greet each other without an acquaintance.
   A: Americans without an acquaintance usually greet each other when they confront each other on the street.

9. K: Title can be used before a given name.
   A: No title is used before a given name unless the family name is mentioned.

Ⅱ. Sexual and Human Relationships :

10. K: Showing affection in public is an indiscretion.
    A: Showing affection in public is a social decorum.
11. K: Arranged marriages with advice of the parents or the help of the match maker are dominative and considered much safer.
    A: Choosing partners based upon two persons' feelings is regarded as normal and respectful.
12. K: Male is completely dominant in initiating relationship ; male also dominates the relationship.
    A: Either male or female may initiate relationship. Sometimes female is dominant.
13. K: The divorce rate is low.
    A: The divorce rate is high.
14. K: The boss is authoritative ; thus, he expects an absolute obedience from their employees.
    A: The boss-employee relationship is friendly.
15. K: Dutch pay is still heart-chilling and thus not so conducive to binding the personal relationships.
    A: Unless mentioned as a special occasion or treat, each pays his share (or dues).
16. K: Customers are usually cold to the waiter and waitress and do not consider them equals.
    A: Customers have a friendly interaction with the waiter and waitress and consider them equals.

Ⅲ. In the Home :

17. K: Women stay home and are supposed to do most of the house chores.
    A: Men can do anything, even cook food and clean house ; women do not do everything for their husbands.
18. K: Guests usually refuse out of politeness when offered something to eat or drink.
    A: Guests do not refuse.
19. K: Throughout the party, people, particularly the host and guest exchange their cups or glasses with each other. They think that such an act (or perhaps a ritual) can tie up their friendship.
    A: Such an act is regarded extremely unsanitary or even dangerous because a certain disease can pass on to others.
20. K: Rice water or tea is served after the meal.
    A: Various drinks go with the meal.
21. K: People take off shoes when entering a room.
    A: People wear shoes.
22. K: At the mourning ceremony or during the mourning, the chief mourners wear their traditional dresses made of white cotton or hemp cloth.
    A: Americans wear all in black in such cases.
23. K: Each room is heated up by the ondol floor which has a separate heating system for its own.
    A: Each house has one central heating system.
24. K: Koreans are apt to be silent at table.
    A: Americans enjoy conversation at table.
25. K: It is quite possible to visit other people's houses without previous notice.
    A: It is impossible to pay a surprise visit to other people's houses.
26. K: People entertain and meet friends outside the

home.
A: People entertain and meet friends at home.

Ⅳ. Shopping :

27. K: The price is settled through the bargain.
    A: Fixed prices except for houses and cars.
28. K: People go food shipping almost every day.
    A: People go grocery shopping once or twice a week.

Ⅴ. Education :

29. K: The pragmatic is very little stressed.
    A: Doing is stressed as a principle of learning.
30. K: Schooling emphasizes obedience and memorization of facts.
    A: Schooling emphasized individual thinking, independence, new ideas, freedom, competition, and equality.
31. K: It is quite normal for the teacher to directly criticize student work.
    A: American college students are more comfortable with "Yes, but..." approach.
32. K: Students learn by rote memory.
    A: Students learn by demonstration.
33. K: Students are apt to get everything from their teachers.
    A: Teachers encourage students to think independently.
34. K: Students are passive and diffident. A vigorous discussion or dialogue between the teacher and the student has been rarely heard in the class.
    A: Students, though not so knowledgeable about the subject, take the courage to participate in the

discussion.

35. K: Korean professors never give parties for their students.

A: It is relatively common for American professors to give parties for their students.

37. K: College students are overburdened with too many courses - 20 hours of credit work per semester.

A: College students carry about 12 - 15 hours of credit work per semester. This number of hours allows the students plenty of study.

38. K: Many college students live in boarding houses ; thus, they avoid any responsibility of cooking, washing, and so on.

A: Student apartments are very popular. Students do their own cooking and washing ; thus, they are more independent and responsible.

39. K: Students can not evaluate instructors in Korean universities (It is considered an impolite challenge to authority).

A: Student evaluation of instructors is a common practice in American Universities(It is considered an aid in improving education).

40. K: Separation of sexes in the secondary school except the community with one secondary school.

A: Completely co-educational.

B. WAYS OF THINKING

41. K: Esteem for superiority in status or age almost without question.

A: Respect given where it is deserved.

42. K: People would never refute the opinion of age.

A: People question any and all opinions ; in other words, no one is above being questioned.

43. K: Women have been trivialized and underrated.
    A: A social conscience has been raised immensely against a sexual discrimination.
44. K: Gentlemen first, ladies next.
    A: Ladies first, gentlemen next.
45. K: Lack of independence and responsibility which should go together. It is assumed that if one does not do something, someone else will.
    A: Responsibility is stressed as a part of being independent.
46. K: Koreans are intuitive and accordingly not systematic or ordering in grasping things.
    A: Americans are postulational or logical.
47. K: Many irrational things are accepted as a part of life.
    A: People try to rationalize all behaviors and thinking.
48. K: The external structure (the part people see) is important.
    A: The whole thing (superficial as well as internal) is important.
49. K: Formalism in behaviour (face and formality control daily life in large measure).
    A: Pragmatism (a personal satisfaction and casuality are counted first).
50. K: Deep down inside of Koreans runs inferiority complex from being historically checkered with shame and defeat.
    A: Perhaps Americans have superiority complex, knowing that the white leads the world.
51. K: Koreans enjoy very sad or melancholy forms of entertainment.
    A: Americans do not like such forms of entertainment.
52. K: A collective or familial bondage is self - evident when Koreans use the plural personal pronominal possessive : "our father", "our house", "our teacher",

"our country", and so on.
A: Things spoken of in terms of "my".
53. K: "Four" is disliked as an unlucky number.
A: Americans have an aversion to "thirteen".
54. K: The Korean word for "shit" is used quite often except at table.
A: The word "shit" ought never to be used.
55. K: Impunctual.
A: Punctual.

3

미국문화의 특징과 다인종 다문화 사회

다종족과 다문화로 이루어진 미국사회의 특성을 서로 다른 측면에서 바라보는 두 가지 관점이 'Melting Pot'와 'Salad Bowl' 이론이다. 이 장에서는 이 두 이론과 그리고 미국문화의 두드러진 특징이 드러나는 유용한 문화정보 노트들이 소개되어질 것이다.

1) 미국문화를 보는 두 가지 이론과 조화와 갈등의 치유

미국을 두고 흔히 '미국적 용광로'(American Melting Pot)라는 말을 쓴다. 이 말은 온갖 나라에서 미국으로 몰려온 이민자들이 민주주의, 자유, 시민의 책임이라고 하는 미국적 가치의 '용광로' 속에 들어가 '하나의 미국인'으로 새롭게 태어난다는 개념을 가지고 있다. 이 개념은 오랫동안 미국사회를 설명하는 이론으로 통용되어 왔다.

1억 5천만에 이르는 미국 인구의 대부분은 세계 각국으로부터 이주해온 이민자들이다. 미국사회가 가지는 정체성은 다양한 인종과 민족들 개개인의 고유한 특징을 인정해 주고 그것들을 하나로 화합시키는 'Melting Pot' 개념에 있다. 전체적으로는 여전히 백인(앵글로 색슨족)이 대다수이긴 하지만 흑인계, 히스패닉계, 남미계 이주민들도 무시 못 할 세력으로 자리 잡고 있다. 그리고 한국인을 비롯한 아시아인들이 부쩍 그 영향력을 확대시켜 나가고 있다.

'Melting Pot'이라는 개념이 처음 생겨난 것은 18세기 말이다. 당시 프랑스 출신으로 미국 땅에 와서 살았던 상 장 드 끄레베끄르(St. Jean de Crevecoeur)라는 사람이 있었는데, 그가 썼던 글 가운데 『한 미국 농부의 편지』(*Letters from an American Farmer*, 1782)라는 것이 있다. 보통 'Melting Pot'의 개념은 이 책에서 저자가 미국인을 정의하는 가운데 들어있는 것으로 알려져 있다.

이 용어가 대중적으로 널리 퍼지게 된 것은 1908년에 극작가 이스라엘 장웰(Israel Zangwell)의 연극 『용광로』(Melting Pot)가 워싱턴 D.C.에서 처음 공연되면서부터였다. 대사의 일부를 보자.

> David (Prophetically exalted by the spectacle): It is the fires of God around His Crucible. (He drops her hand and points downward.) There she lies, the great Melting Pot - listen! Can't you hear the roaring and the bubbling? There she gapes her mouth (He points east.) - the harbour where a thousand mammoth feeders come from the ends of the world to put in their human freight. Ah, what a stirring and a seething! Celt and Latin, Slav, and Teuton, Greek and Syrian, - black and yellow -

Vera (Softly nestling to him.) Jew and Gentile -

David: ... Here shall they all unite to build the Republic of Man and the Kingdom of God ... what is the glory of Rome and Jerusalem ... compared with glory of America, where all races come to labour and look forward!

다음은 미국사회의 다인종, 다문화의 독자성을 강조하는 관점이 들어있는 샐러드 볼 이론('Salad Bowl' theory)에 대해 알아보자.

60년대에는 격심한 흑백대립이 있었고, 70-80년대에는 중남미, 아시아 출신 이민자들이 대거 유입되면서 '용광로' 이론은 힘을 잃었다. 20세기 초의 제2 물결의 이민자들과 흑인들은 지배계급인 앵글로색슨, 프로테스탄트 문화에 동화하려는 의지가 강했고 그것이 가능했다.

그러나 전혀 다른 얼굴과 문화를 가진 제2 물결의 이민자들과 흑인들은 우월의식을 가진 백인들로부터 받는 소외 때문에, 그리고 스스로도 자기민족의 정체성 유지와 고유문화를 강조하면서 다른 민족과의 교류를 기피하는 경향이 강했기 때문에 자의반 타의반으로 백인사회에 동화되지 않았다. 그러자 '샐러드 볼' 이론이 등장했는데 그것은 다인종과 다민족들이 각각의 개성을 잃지 않으면서도 서로 조화를 이루면서 하나의 사회를 이룬다는 것이다. 샐러드 접시에 담긴 야채들이 각기 자신의 원형을 손상하지 않으면서도 샐러드라는 하나의 특징이 있는 요리를 만들어 내듯이, 이 이론은 미국 내의 소수 인종(민족)들이 미국이라는 큰 도가니 안에 모두 함께 용해되어서 본래의 정체성을 상실하는 대신에 각기 독자적 정체성을 유지한 채 오히려 그 독자성을 자산으로 하여 미국사회에 기여할 수 있다는 논리이다. 미국의 유명한 교사인 제인 엘리엇(Jane Elliot)은 다음과 같이 말했다.

> We don't need a melting pot in this country, and folks. We need a salad bowl. In a salad bowl you put in the different things. You want the vegetables - the lettuce, the cucumbers, the onions, the green peppers || to maintain their identity. You appreciate differences.

샐러드 볼 이론은 다양성과 개별성을 존중하는 논리이다. 이 샐러드 볼 이론에 따르면 미국에 이민을 온 소수인종(민족)들은 그들 고유의 문화적 전통과 특성을 그대로 유지한 채 미국시민이 되고, 미국사회에 기여할 수 있다는 것이다.

그러나 현실을 들여다보면 샐러드의 각 재료들이 서로 조화롭게 어울려 하나의 맛으로 통합되기보다는 잘 못 만든 샐러드처럼 재료들이 한 그릇 안에 담겨만 있을 뿐 따로 놀고 있다는 반론도 많았다. 이러한 점에서 미국이 점점 공통의식과 목적의식이 없는 여러 커뮤니티로 갈라지고 인종들 사이에 연결고리가 없는 분열된 사회가 되어갈 것이라고 걱정하는 목소리도 높아져 왔다.

그러나 앞으로 한 세기 안에 미국은 적어도 인종적으로는 '용광로'나 '샐러드 볼'이 될 것이라는 조사가 계속 나오고 있다. 왜냐하면 백인도 흑인도 히스패닉인도 아시아인도 아닌 새로운 차원의 인종, 다시 말해 다인종 혼혈인이 급속히 늘어나고 있기 때문이다.

이민세대로 갈수록 다인종 혼혈인이 늘어나고 있다.

다인종, 다문화 사회에서 필연적으로 인종간, 문화간 섞임 현상은 필연적으로 나타나는 현상인데 이것을 혼종성(hybridity)아라고 한다. 예를 들면 미국 내에서도 백인이 타 인종과 결혼하는 것은 '잡혼'(miscegenation)이라 해서 20세기 전반까지만 해도 엄격한 금기사항으로 간주되었다. 그러나 1960년대 이후부터 점차 이러한 금기가 사라졌다. 문화적 혼종의 예로는 재즈음악을 들 수 있다. 재즈음악은 본래 흑인들의 음악이었지만 그것이 백인들의 음악과 섞이고, 백인사회에 널리 수용됨으로써 미국음악이 되고 세계음악으로까지 발전하게 되었다. 그리하여 혼종성은 그 자체가 지배문화와 다른 차별성을 특징으로 하면서 오히려 중심화 되고 경직화된 지배문화의 규범에 도전하고 그것을 해체하는 수단으로 발전할 뿐만 아니라 새로운 문화 창조의 가능성을 열어주었다.

혼혈인종은 1970년에 50여만 명에서 1990년에는 2백만 명으로 4배가 늘었고, 1995년 현재 미국인 15명 중에서 1명은 다인종의 피가 섞여있는 것으로 나타났는데 2050년에는 혼혈 미국인이 21%에 이를 것으로 예측하고 있다.

1995년 현재 미국 인구의 구성은 백인 74%, 흑인 12%, 히스패닉 10%, 아시아인 3%인데, 2050년이면 백인이 53%, 히스패닉 25%, 아시아인 8%, 흑인 14%가 되어 더 이상 백인중심 사회가 아닐 것이라는 예측이 이미 몇 년 전부터 나왔다. 그러나 다인종 혼혈인의 증가는 기존의 인종구분에 근거하여 보는 예측조차 무색하게 한다. 이민세대가 내려갈수록 타인종과의 결혼비율이 높아져 3세대 히스패닉계의 경우 그 비율이 무려 57%까지 이를 것으로 전망하고 있다. 한국인의 경우 아시아계에서 가장 높은 63%가 타인종과 결혼했고 특히 한국 여자와 백인남자의 결혼비율이 높다.

이처럼 미국에서 인종관념은 약화되어갈 전망이다. 1995년 현재 10년만의 인구조사(센서스)를 맞아 인구통계 학자들은 이러한 다인종 혼혈인을 어떻게 구분해야 할 것인지에 대해 고심한다. 그 예로서 1997년에 타이거 우즈는 마스터즈 대회에서 우승한 후 오프라 윈프리 쇼에 출연하여 자신이 흑인이라고 불리는 데 대해 거부감을 표시하면서, "나는 나의 인종배경을 밝히기 위해 '카블리네이션'(Cablinasian)이라는 신조어를 만들었다"고 말했다. '카블리네이션'은 백인(Caucasian), 흑인(Black), 미국 원주민(Indian), 동양계(Asian)의 머리글자들을 따서 합성한 것이다. 우즈에 의하면 자신의 혈관에는 백인과 인디언의 피가 각각 1/8, 흑인, 중국인, 태국인의 피가 각각 1/4씩 흐르고 있으므로 자기는 기존의 어떠한 인종구분에도 해당하지 않는다는 것이다. 우즈와 같은 혼혈인종이 자기의 피가 섞인 모든 인종란에 표시를 할 경우 미국의 인구 구성비는 100%가 넘는 기이한 현상이 생기게 된다.

한편, 일부 학자들에 의하면 이러한 다인종 혼혈인의 점차적인 증가가 미국인의 인종관념을 약화시켜 미국의 오랜 고질병인 인종문제의 해소에 크게 기여할 것이며 '제2의 용광로'로 작용할 것이라고 희망한다.

‘다문화 사회’로 가는 길은 멀고 험하다

이화여대 교수 함인희(사회학 전공)는 조선일보에 기고한 아침논단(2013년 제28397호)에서 다문화 사회로 가는 길의 험난함에 대해 다음과 같이 말한다.

> 미국 골프선수 타이거 우즈와 관련된 일화이다. 그가 ‘골프 황제’로 상한가를 치던 때 과연 우즈는 백인일까 흑인일까, 그의 인종적 정체성을 둘러싸고 미국 내에서 논란이 일었다. 그러자 당시 ‘토크쇼의 여왕’이라 불리던 오프라 윈프리가 자신의 쇼에 그를 초대했다. “도대체 당신은 누구냐?”는 윈프리의 우문(愚問)에 우즈가 내놓은 현답(賢答)은 ‘Caublinasian(코블리네시안)’이란 신조어였다. 그 의미는 자신의 몸속엔 백인(Caucasian), 흑인(Black), 인디언 원주민(Native Indian), 아시아인(Asian)의 피가 섞여 흐르고 있기에 굳이 자신의 인종적 정체성을 묻는다면 그렇게 답할 수밖에 없다는 뜻이었다. 적극적 이민정책을 통해 아시아 및 남미로부터 다양한 인종의 유입을 시도했던 1960년대에 미국이 표방했던 슬로건은 ‘용광로(melting pot)의 나라’였다. 누구든 미국 땅에 발을 내딛는 순간 미국 시민권을 손에 쥐고 ‘아메리칸 드림’에 도전할 수 있으리란 청사진을 내세웠다. 하지만 용광로처럼 끓어올라 하나의 미국, 하나의 미국인이 된다는 이미지는 곧 허구로 드러났고, 대신 그 자리에 ‘샐러드 바’란 은유가 등장했다. 다문화·다인종·다국적 사회인 미국은 마치 과일과 채소가 제각각의 고유한 맛을 내는 샐러드처럼 다양한 인종과 언어, 다채로운 문화와 전통이 뒤섞인 채 살아 움직이며 공존하고 있다는 결론에 이fms 것이다.

비유컨대 미국시민권은 채소와 과일 위에 살짝 뿌려진 드레싱 정도에 해당한다고 할 수 있다. 아메리칸 드림을 실현코자 용광로의 나라 미국으로 건너간 한국인들에겐 미국인도 한국인도 아닌 '한국계 미국인'이란 이름이 붙여졌다. 다문화 간 공존의 필요성이 절실해질수록 '정체성의 정치학(Identity Politics)'이 중요성을 더해 가기 시작했음은 진정 역설로 다가온다. 그 덕분인가. 미국 사회에서 이중 혹은 다중의 정체성을 내면화하는 데 실패할 경우 아시아에서 온 이민자들에겐 '바나나'란 오명이 붙여졌다. 겉은 노란데 속은 하얗다는 경멸적 뜻이 담겨 있음은 물론이다. 마찬가지로 아프리카나 남미계 이민자들에겐 겉은 까만데 속은 하얗다는 뜻의 '오래오 쿠키'란 낙인이 부여되었다. '버락 오바마, 당신은 오레오 쿠키인가?'란 제목의 글이 등장한 적도 있었다.

한국 사회는 최근까지도 이민을 보내는 송출국 지위에 있었다. 순혈주의를 고집하던 한국이 이민을 받아들이기 시작한 지는 20여년에 불과하다. 낯선 땅에서 우리 동포들이 흘린 땀과 눈물의 기억을 깨끗이 잊은 채 이 땅에 중국계, 필리핀계, 베트남계 한국인으로 살아가고 있는 이들의 아픔과 고통을 배가시킴은 진정 가슴 아픈 일이 아닐 수 없다. 겉으로는 한국에 시집왔으니 한국인으로 살아야 한다고 강요하면서 속으로는 피부색이 다르다고 멀리하고 우리보다 못사는 나라에서 왔다고 경원시하는 우를 범하고 있다.

이번 국회위원 선거에서 필리핀계 한국인 여성이 비례대표로 발탁되었음은 비록 구색 맞추기라 해도 다문화 사회의 통합과 관련하여 상징적 의미가 적지 않다고 할 것이다. 그런 이자스민씨를 향해 노골적인 인종 차별이 자행되고 있으니 자괴감에 부끄러움이 밀려온다. 만일 한국계 미국인이 연방이나 주의원으로 선출되었는데 그를 향해 근거 없는 악의적 루머와 인종 비하적인 발언이 인터넷을 뒤덮는다면 한국인 모두의 자존심이 얼마나 큰 상처를 받을 것인지 입장을 바꾸어 생각해볼 일이다. 이자스민씨가 필리핀계 한국인으로서 혜택을 받은 건 틀림없다. 하지만 누군가 혜택을 받는다는 건 그들이 속한 집단이 차별받고 있기 때문이다. 성 차별이 존재하기에 여성을 우대하고, 지역 차별이 깊기에 소외지역을 배려하는 것과 동일한 논리이다.

우리와 다른 문화를 인정해주고 우리와 다른 피부색을 포용해주며, 우리와 다른 전통을 존중하는 것은 성숙한 민주주의 사회를 전제로 한다. 이제 대한민국 민주주의는 정치 영역과 경제 영역의 민주화를 토대로 문화·의식·가치관의 영역을 향해서도 민주주의의 지평을 확대해야 한다. 한국 사회의 민주화를 향해 고귀한 피를 흘린 4·19혁명의 자취도 벌써 반세기를 훌쩍 넘겼음을 기억하면서 말이다.

문화와 인종의 차이가 상호간에 이해와 관용에 의해 존중되는 대신에 차별주의로 표현됨으로써 갈등과 불화가 커져 폭력적 수단인 테러리즘을 유발하는가 하면, 인종 차별주의적인 사고방식은 백인 우월주의를 표방하면서 KKK단과 같은 극우파의 집단적 폭력을 유발하기도 한다. 이러한 문화와 인종간의 차별주의와 폭력을 해소하고 갈등을 치유하는 것은 미국에서 하나의 중대한 사회적 과제로 부상하였고 치유를 위한 대책이 시급하게 되었다. 아래의 글은 미국 문화와 사회의 다양성과 차이, 차별주의와 테러리즘 등에 관한 이러한 단면을 보여준다.

Melting - Pot or Mosaic?

The issue of unity versus diversity has been central to discussions of America throughout its history, but the balance between the unity and diversity has varied from one period to another. For the first 60 years of the twentieth century the emphasis was on processes which were thought to produce unity through the assimilation of ethnic groups into a common culture - Americanization. Since the 1960s there has been a shift of emphasis to a view which celebrates cultural diversity, subcultural pluralism[1)] and ethnic differences - 'more like a mosaic and less like a can of mixed paint' (Menand, 1992, p.3). We will begin by reviewing some of the earlier discussions emphasizing processes, before turning to the recent debates about ethnic pluralism and how America has a 'post-modern', fragmented culture[2)] that resembles a mosaic.

The periodic revivals of the Ku-Klux-Klan[3)] and other '100 per cent American' movements serve to illustrate this central dilemma in American history: how to reconcile the need for national unity with ethnic diversity. In 1782, Frenchman, Hector St, Jean de Crévecoeur, wrote: 'What then is the American, this new man? ⋯ Here [in America] individuals of all nation are melted into a new race of man, whose labours and posterity4) will one day cause great changes in the world'(Crévecoeur, 1957, p. 39).

This idealistic notion of America as a 'melting-pot' has influenced later conceptions of how the various cultures comprising the American people have adapted and interacted. However, the reality of intergroup relations appears to the established Anglo culture. In Pennsylvania, for example, Germans insisted on maintaining their own language, churches, and culture, which generated some of the earliest recorded antagonism among European ethnic groups in America.

Like Anglo-conformity, the ultimate objective of the melting- pot is a society without ethnic differences, but in this case without the cultural tradition of any particular group being considered superior. In the 1950s, when immigration declined and the first-generation immigrants of the pre-1920 era seemed to have been assimilated, a new version of the melting-pot theory was put forward. It suggested that the once sharp distinctions between ethnic groups, such as those represented by the combination of common ancestry and common religion, were being eroded.5) Although church attendance was booming, interest in and knowledge of specific church doctrines was declining. The suggested explanation for this took the form of a modified version of the melting-pot theory.

According to Herberg, the three major faiths - Protestantism, Catholicism and Judaism - had become the principal sources of American self-identification, more important for that purpose than either class or ethnicity(Herberg, 1960). He maintained that they were three different culture manifestations of the same fundamental unity. They represented a common subscription to a dominant set of values that he and others labelled the 'American Way of Life.' These included a positive evaluation of religion itself, a faith in the democratic system, a belief in progress, and a sense of national mission. The implication of Herberg's melting-pot theory was that ethnicity was on the decline in the 1950s. However, this was the period when the Cold War was beginning and there were pressures to strengthen Americanism and to root out 'unAmerican activities.' In that respect it resembled the 1920s when the Ku-Klux-Klan stirred up fears of alien influences produced by immigration. The revival of ethnic consciousnes s from the 1960s onwards suggests that Herberg's melting-pot thesis may have had its relevance limited to the 1950s.

There were many criticisms of the Herberg version of the melting-pot thesis and its claim that ethnic identification was becoming less important. Some critics argued that, whilst ethnic groups might be acculturated through learning the English language, they were not necessarily becoming assimilated in the sense of worshipping with other ethnic groups, marring them, or tolerating them in the same neighbourhood(the evidence against Herberg's thesis was reviewed in Wilson, 1978). Since the 1960s the debate about ethnicity has changed its focus from discussions about whether the older, European immigrant groups were becoming assimilated and ethnicity dying out, to discussions about whether the wheel has turned full circle with the century ending as it began: the US again becoming a nation of immigrants and being transformed in the process as individuals search for and identify with their ethnic roots. The question at issue is how best to describe what is taking place: melting-pot, mosaic, balkanization, on hybridization?

(from Jeremy Mitchell & Richard Maidment, *The United States in the Twentieth Century Culture*. New York: Hodder & Stoughton in association with The Open University, 1994. pp.19-21) 〈notes〉 1) subcultural pluralism: 하위문화의 다원성 2) fragmented culture: 파편화되어진 문화 3) Ku-Klux-Klan: 일명 KKK단. 남북전쟁 후 백인 우월의 유지를 목적으로 한 남부 백인의 비밀 조직 4) erode: 파괴하다. 부식하다. 5) posterity: 후손 6) acculturate: 문화변용을 일으키다.

다인종과 다문화를 특징으로 하는 미국사회에서 문화적 갈등으로 사회적 문화적 부적응에 시달리는 사람들이 상당하며 이러한 환자들의 치유를 위한 상담치유가 중요한 의료서비스의 하나가 되고 있다. 아래의 글은 다문화, 다종족 사회인 미국사회에서 살아가면서 부적응으로 시달리는 사람들의 마음에 생긴 상처를 치유하는 문제를 다룬 환자의 심리 치유를 위한 "문화 간 상담치유"(cross-cultural counseling psychotherapy)에 관한 글에서 발췌한 것이다(Anthony J. Marsella & Paul B. Perdersen ed. *Cross-Cultural Counseling and Psychotherapy*. New York: Pergamen Press, 1981). 편저자들인 Anthony J. Marsella 와 Paul B. Perdersen은 하와이대학교 교수들이다.

Culture – Contact Situations

The fourth major concern of cross-cultural psychother-apy involves those situations in which culture is at least a part of the problem. A major share of the literature in this field is devoted to the maladaptation and stress of the culture contact situation. The problems of people removed from their cultural moorings - through migration, sojourn, involuntary displacement - occupy a great many culturally-oriented mental health professionals (Alexander, Klein, Miller, & Workneh, in press; Pedersen, Lonner, & Draguns, 1976; Taft, 1977) as does the phenomenon of culture shock. A considerable amount of information has come into being on how to help people who are casualties of intercultural mobility - distraught college students, confused immigrants, traumatized expellees and refugees, discouraged and dissatisfied Peace Corps volunteers. Attempts have been made to sketch a composite portrait of an individual who is least or most likely to succumb to this kind of stress(Pinter, 1969). Similarly, characteristics of host environments have been scrutinized to identify those features which render such an environment particularly stressful or unusually stress-free for newcomers(Taft, 1977). And, most important, a sizable literature has come into being on psychotherapy and counseling with individuals transplanted to a new cultural setting(Alexander et al., in press; Szapocznik, Scopetta, Aronalde & Kurtines, 1978; David, 1976). This body of writing provides practically relevant information for the professional involved in extending services to immigrants, sojourners, or returnees from intensive cross-cultural encounters. (p.11)

…

Process Barriers to effective cross-cultural counseling

I have repeatedly emphasized how counseling and therapy may be viewed legitimately as a process of interpersonal interaction and communication. For effective counseling to occur, the counselor and client must be able to appropriately and accurately send and receive both verbal and nonverbal messages. While breakdowns in communication often occur among members who share the same culture, the problem can be worsened among people of different racial or ethnic backgrounds. Misunderstandings that arise from cultural variations in communication may lead to alienation and/ or an inability to develop trust and rapport. This may result in early termination of counseling or treatment as evidenced by the studies conducted by Sue and McKinny(1975) and Sue, McKinney, Allen, and Hall(1974). What they found was that Asian-Americans, Blacks, Chicanos, and Native Americans terminated counseling after only one contact at a rate of approximately 50 percent in contrast to a 30percent rate for Anglo clients. In a previous article, Sue(1977) hypothesized that it was the inappropriateness of interpersonal interactions, that happens between counselor and client, which may account for these premature termination rates. Padilla, Ruiz, and Alvarez (1975), while referring to a Latin population, identified three factors that the formation of a good counseling relationship: (a) A language barrier that often exists between the counselor and client, (b) class-bound values which indicate that counselors conduct treatment within the value system of the middle-class, and (c) culture-bound values that are used to judge normality and abnormality in clients. All three of these variables seem to interact in such a way as to seriously hinder and distort communications. As I have discussed these factors thoroughly in previous article(Sue, 1977, 1978, in press), I will only summarize them here.

Within the Western framework, counseling is a white, middle- class activity that holds many values and characteristics different from Third World groups. Most theories of counseling and psychotherapy share common characteristics. These generic characteristics of counseling seem to be intimately rooted in the basic values of United States society. While different schools of counseling vary from one another, they do hold basic common assumptions. (pp.111-12).

...

Therapists' Styles in Reaction to Racial Differences

The position of a non-black therapist to the black client is often a very awkward one. In approaching the issue of racial differences, non-black therapists often make one of three kinds of errors in attempting to treat the black patients. The first error is "the illusion of color blindness"(Thomas & Sillen, 1972) whereby the black patient is viewed as just another client. as Sager, Brayboy, & Waxenburg(1972) have noted, the denial of color in a black patient disregards the central importance of color for the black person and, at the same time, attempts to ignore the undeniable impact of the therapist's whiteness upon the patient. A further consequence of this illusion of color blindness is to remove the black client from his or her social/racial environment and/ or cultural mores which can also lead to identifying deviations from white middle class norms as pathological(Thomas & Sillen, 1972).

The second and opposite error is the assumption that all the black patient's problems revolve around the condition of being black in an oppressive society, and that a lifetime of oppression has produced a permanent crippling of personality - the "irreversible mark of oppression." As noted by Griffith(1977), the term "mark of oppression" originated by Kardiner and

Ovesey(1951) can be updated to include "culturally deprived," "underprivileged," and even "minority" when these terms convey a permanent limitation in personality functioning as a result of environmental factors. Such a view severely limits a therapist's ability to focus on productive intrapsychic issues, and often fosters guilt and a need to offer the black patient special privileges and relaxed standards of treatment (Cooper, 1973). Like the "illusion of color blindness" the "mark of oppression" attitude results in a loss of clinical objectivity and an inattentiveness to the individual pathology that the black client may bring to treatment(Cooper, 1973; Grier & Cobbs, 1968; Griffith, 1977).

The third type of therapist error in a cross-cultural treatment situation is what Vontress(1971) has described as "the great white father syndrome." Here, the non-black therapist tries to communicate to the black client not only that he is somewhat omnipotent but that he means nothing but good for the patient. This view demands that the black patient totally disregard his reality testing while in the presence of a trained, benevolent, non-black therapist. It also assumes that the non-black therapist really knows the intimate dynamics of black life. Since any questioning or criticism of the therapist is seen as resistance and/ or ingratitude, opportunities for correction are limited and or nonexistent.

Each of these approaches is a trap for the non-black therapist in that they provide a screen through which the black patient's actual feelings, desires, and actions are distorted in both the assessment and treatment phases of psychotherapy. (pp.183-84).

2) 미국문화에 관한 유용한 정보 노트들

아래의 글에 담긴 사례들은 미국에서 생활할 때 미국문화를 정확하게 이해해야 할 필요가 있는 문화적 정보들(Culture Notes for cultural tips)이다. 예를 들면 돈, 나이, 종교, 정치 신념 등에 관한 개인적인 질문을 하는 것은 예의에 벗어나는 것이 된다. 이러한 문화적 정보들을 미리 알고 있어야 불필요한 갈등과 불화를 예방할 수 있다.

> When meeting someone for the first time, it isn't polite to ask personal questions about money, age or religion. For example: "How much is your rent, salary, etc.?" "How old are you?" "What's your religion?"

(출처는 Mary McSwain & Bonnie Morihara, *Listen & View*. 서울: 문진당, 1995. 이하의 자료의 출처는 같은 책이다)

Culture Tips

① Formal Introductions

In formal situations, Americans may introduce persons of higher status by family name only.

This is Mr. Delano. Mr. Delano is manager of production line planning.

Otherwise, we give both the first and last names of the person we introduce. (Note : When we repeat the person's name, we generally use only the last name or family name)

This is Betty Williams. Ms. Williams just arrived yesterday.

Using First Names

Some first names have two or more forms. The name Joe is the informal version of Joseph. Formal names are generally used on business cards. In conversation, however, some people prefer to be called by the short or informal version of their name.

Marital Status

Whether someone is married or single is usually not important in business. Most Americans think it is impolite to ask, "Are you married?" when they first meet someone. "Mr." and "Ms." are convenient terms because they do not identify a person's marital status. Many businesswomen (married or single) want to be called "Ms." instead of "Miss" or "Mrs." (* Ms. is pronounced [MIZ]). (p.6)

② Formal Greetings

In most situations, "How are you?" is really a greeting, and not a question about your health. The best answer is "Fine, thanks." or "Fine, thank you."

Notice that Betty Williams smiles and looks directly at Mr. Delano. This is a way of showing her friendliness. She sees that the men are busy, so she doesn't stop to talk. But she nods at the man whom she doesn't know, because it would be rude to ignore him.

Employee Break Rooms and Cafeterias

This scene shows the employees' room in a small business. The equipment and supplies are shared by all employees. Generally, everyone helps to pay for coffee, tea, and other supplies. There may be a "collection can" for this purpose. People who use the supplies "pay as they go." They also clean their own cups or dishes.

Only large corporations or office complexes have cafeterias. Employees of small companies bring their own lunches, go out to nearby restaurants, or order food from local restaurants or sandwich shops which deliver meals. (p.12)

③ Advice for Using Hotels

- When you reserve your hotel room, ask for a confirmation number. Bring this number to the hotel with you. Hotels sometimes lose reservations. If you have a confirmation number, the hotel must provide a room for you.
- Most hotels have a slightly less expensive rate for business travelers. Ask for the corporate rate when you make your reservation.

Saying "Thank you"

Americans say "Thanks" or "Thank you" very often. It is very important to say "Thank you" after saying "No" or "That's all." If you don't add "Thank you," you will sound too direct and impolite.

Traveler's Checks

Most businesses accept traveler's checks in the same way as cash. However, some people may ask you to show identification. Acceptable forms of I.D. include:

- a driver's license or official photo I.D.
- a (major) credit card or charge card
- a passport
- an international driver's license.

I.D. Cards

If you don't drive, you may want to get a photo identification card from the local office of your state licensing department. These photo I.D.'s often look like a real driver's license, but they say "Not a driver's license. For identification only." There is a small fee for this kind of identification card. These are very useful for cashing checks, proving your age, etc.

Credit Cards

Credit cards are common in the U.S. Americans use them to pay for many purchases and services, especially when travelling. They also often use them as identification.

Personal Checks

In the United States, people often pay for purchases with a personal check. Most Americans do not cany a large amount of cash. Most businesses will accept personal checks, but they require identification. They usually don't like to accept personal checks that are from another area ("out-of-town checks") or state ("out-of-state checks"). Many merchants will also ask you to tell them your local phone number or license plate number. (pp.31-32)

④ Gift-Wrapping

Most American stores put your purchases in a paper sack or plastic bag. In a department store, there is usually a gift-wrap department. If you want a gift wrapped, you must take your purchase there. There may be a small charge. Some stores don't gift-wrap purchases. Usually Americans buy gift-wrap paper and ribbons and then wrap their gifts themselves.

Sales Tax

Almost all states in the U.S. have a sales tax. The tax is usually between 3% and 10%. It is added to the price of the item at the time of purchase. (p.42)

⑤ Picnics, Barbecues and Cookouts

Many Americans enjoy cooking and eating outdoors during warm weather. Usually the food is simple (chicken, hamburgers, etc:). People dress in comfortable, casual clothing. If there is space, they may play an outdoor game such as badminton, croquet, volleyball, frisbee throwing, or even softball. This kind of party often includes both children and adults.

Potluck Dinners

Americans often plan "potluck" dinners for large groups. If you go to a potluck dinner, you must take a salad, vegetable, dessert or entree which is large enough to serve approximately 6 people. Sometimes you also must bring your own drinks, plates and silver ware. All of the food is placed on a big table, and the guests can choose what they want to eat.

When Americans are invited to someone's house for a party or meal, they often offer to bring something. They ask, "Can I bring anything?" If the occasion is informal or with friends, the host may ask the guest to bring a bottle of wine or some beer. If the occasion is formal, the host will probably decline their offer. Even so, it is customary for guests to bring something, such as flowers or wine.

Cocktail Parties

- Cocktail parties may be given for social reasons, for business reasons, or for both.
- They may be held in a private home, hotel, or at a company.
- Guests arrive alone or in small groups. They often arrive between 5 and 45 minutes after the official beginning time.
- Guests may leave at any time - even before the official ending time. Guests generally do not leave at the same time.

People go to cocktail parties in order to mingle* and meet others. Most people at cocktail parties stand while they talk, eat and drink. This makes it easy for them to move around and meet others. When you attend cocktail parties, try moving around and introducing yourself to others, too.

(* mingle: move around and talk to many people) (pp.51-52)

⑥ Small Talk

These are generally safe questions to ask someone you are meeting for the first time.

- What do you do?
- How long have you lived/worked here?
- Do you like living/working here?
- Do you like sports/traveling/foreign films, etc?

Certain topics are generally taboo, or not safe to talk about.

- how much money someone spends on housing, rent, etc.
- why someone isn't married or doesn't have children
- religion
- age
- weight
- politics
- salary

Leaving a Party

At a large American party, the host and hostess may be busy with many guests. They may not always be able to escort you to the door. In this case, after thanking and saying goodbye to the host and hostess, you may let yourself out. Many Americans do this. (pp.62-63)

⑦ After Business Hours

When official business hours are over, employees usually feel free - to leave the work place. The secretary makes sure that her boss doesn't need her any more before she leaves.

American Hiring Practices

American hiring is usually based primarily on:

- education and skills
- work experience

Because work experience is very important, it is sometimes difficult for high school and university graduates to find jobs.

In American companies, these situations are possible:

- an older worker may have a younger supervisor
- a male worker may have a female supervisor

Managerial Techniques: ASKING – TELLING

Many good American managers politely ask their employees to do a task instead of telling them to do it. They also frequently thank their employees. They do this to show respect for their employees, and make the employees feel better. Managers who choose this style are being somewhat formal in the work place. Both male and female managers use this style. (pp.72-73)

⑧ Office Space

Middle-level managers and above often have private offices. Sometimes these private offices have solid walls; sometimes they have windows into the main office. When a person's status increases, so does the size and luxury of his/her office. Lower-level professionals often share a separete office (2-4 people). (p.83)

⑨ Operator-assisted Calls

If you want to make any of the following calls, you must ask for an operator's assistance. There is an extra charge when an operator helps you.

- person-to-person calls
  Person-to-person calls are the most expensive calls.
- collect calls
  Collect calls can be person-to-person or station-to station.
- billing a call to a third number
  The operator will call the third number to be sure that they will accept the charges.

You may dial "O" and speak to the operator, as in the video. A simpler way is to dial "0" plus the phone number. After you finish dialing, the operator will come on the line. Then you can tell the operator which type of call you want to make.

Using a Pay Phone

Here are some tips that may help you when you need to use a pay phone:

1. When you pick up the receiver and hear a dial tone, this means that the phone is not broken. For a local call, you must deposit the necessary money before you dial the number. Most areas of the U.S. charge 25₵(a quarter) for a local call from a pay phone. However, the charge can vary from 10₵-25₵, depending on the area. Airports sometimes have special phones that accept credit cards.
2. You can call 9-1-1, the emergency number, without depositing any money. Dial 9-1-1 for police, fire and medical emergencies. This system is used in most American cities, but may not be available in some rural areas.
3. In New York City and a few other large cities, local calls from a pay phone are metered. This means you will have to deposit more coins as vou talk longer. (pp.92-93)

⑩ Taking Messages

When taking a message, it is a good idea to check any phone number and the spelling of any name that is unfamiliar to you.

Leaving Messages

Most people offer to take a message for co-workers who are out. They say, "May I take a message?" If you call and the person doesn't offer to take a message, you can always say, "May I leave a message?" It is simplest to leave your name and phone number and ask for a return call.

Leaving a Message on an Answering Machine

If you hear a recording on an answering machine, wait for the tone, then give your name, phone number, the time you called, and a very brief message. (pp.103-04)

⑪ Fast-food Restaurants

"Fast-food" restaurants are inexpensive restaurants where you can get your food quickly. Most fast-food restaurants have these things in common:

- You usually place your order at the counter, pay for it, then pick up your food and take it to a table.
- If you wish, you can order your food "to go". It will be put in containers and a paper sack. Then you can leave the restaurant and eat elsewhere.
- Many fast-food restaurants have "drive thru (through)" lanes. You drive your car to the order board, place your order over a microphone, then drive to the window to pay and pick up your order.
- Fast-food restaurants often specialize in a few kinds

of food which can be prepared very rapidly (such as hamburgers, fried chicken or fish, tacos and other Mexican food).

- Often, a salad bar is available. You can make your own salad using the ingredients there. (Regular restaurants often have salad bars, too.)
- If you see a large trash can with the words "Thank You", you should clean your own table and put the garbage in the trash can. (The "Thank You" means "Thank you for cleaning up after yourself.")
- You do not need to leave a tip. (p.113)

⑫ Ordering from an American Menu

If you are unsure about what to order, ask for a recommendation. Your host or the server may recommend a specialty of the restaurant. If you are hosting a meal, recommend at least one expensive dish. This will make your guest(s) feel free to order whatever interests them. You may also want to try one of the daily specials, which are often the best "bargains". Americans in a group usually do not order the same meal.

If all members seem to have decided, ask, "Are we ready to order?" Then catch the server's attention. Generally, if your menus are closed, the server will think that you are ready to order. After the server comes for your order, it's okay to look at the menu again.

Table Manners

In the U.S. people who have good table manners

do the following:

- They eat and drink as quietly as possible.
- They do not put too much food into their mouths at once.
- They do not eat too fast.
- They do not chew with their mouths open.
- They do not talk while chewing.
- They do not talk too loudly.
- They sit erect and use a fork or spoon to bring the food up to their mouths. (They hold the fork or spoon almost like a pencil and not too close to the base.)
- They keep their napkins on their laps during the meal. At the end of the meal, they place it neatly back on the table.
- If they are drinking alcohol, they do not drink too much.

Paying for Meals

- If you are the host, you should ask for the check and quietly pay the bill. Briefly examine the bill to make sure it is accurate. You can usually pay the waiter or pay at the cashier's counter.
- You should tip about 15% of the bill. If you use a credit card to pay for the meal, you may include the tip on the credit card slip or leave the tip in cash.
- You may remove the "Customer Copy" to keep as your receipt. If the credit card slip has carbons, it is best to remove them and tear them up. (There have been cases of criminals using credit card numbers they got from carbons.) (pp.123-24)

⑬ Sitting on Tables or Desks

Sometimes Americans sit on the edge of tables or desks. Even teachers sometimes lean against or sit on their desks while teaching a class. It is considered informal, but not impolite.

Time and Meetings

In the U.S. most people arrive a few minutes before the scheduled meeting time for business appointments. The meeting may be in immediately, or there may be a short wait. Usually this waiting time is less than 15 minutes: The time spent in the meeting is determined by the importance of the topic and the schedules of the people who are meeting. A meeting may last only 15 minutes, but most meetings last 45 minutes to 1 hour. (p.134)

⑭ Explaining Actions

It is rude to cancel or postpone an appointment without an explanation. The explanation should be simple, but definite. You do not need to explain the details. It is polite to suggest an alternate meeting time and promise to confirm the meeting at a later date. Look at the way Vance Richardson handled it in the video dialog.

CANCELLATION : ... about our appointment for next week. I'm afraid I won't be able to make it.

EXPLANATION : Something's come up and flying to Dallas on urgent business.
SUGGESTION : Perhaps we can get together the week after next.
PROMISE: I'll call when I get back from Dallas. (p.143)

⑮ Ending a Phone Call

a. from a salesperson

Most salespeople will stop trying to sell and will close the call if you firmly state: I'm sorry. I'm not interested.

b. from a talkative acquaintance

You might try interrupting with: It's been nice talking to you, but I'm afraid I have to go now. Can I call you back later? (p.154)

⑯ American Dinner Invitations

- When you are invited to a meal in someone's home, you should arrive within 10 minutes of the time stated in the invitation.
- When Americans invite married friends to their homes for dinner, the invitation is almost always for both the husband and the wife.
- If you have children, you should ask your host if the children are included or if the invitation is for "adults only". If the hosts have children they may want you to bring yours. When American couples with children are invited to an "adults only" occasion, they usually hire a baby sitter to watch children younger than 12 years old. (pp.162-63)

⑰ Praising Employees (Positive Reinforcement)

In the U.S. it is very important to praise others when they do a good job. Any good manager (teacher, parent, etc.) acquires this skill and practices it regularly. Americans who work hard and do their jobs well expect praise occasionally. In fact, if praise is never given, a worker might feel that his hard work is not appreciated. He might stop working as hard, or even quit. Management techniques in the U.S. today stress the use of "positive reinforcement." Showing appreciation, praising or even rewarding an employee are all examples of positive reinforcement. (p.170)

⑱ Planning "Democratically"

In the video scene, Barbara is in charge of the project, yet she rarely gives Mike orders. Instead, she makes suggestions and asks him for his suggestions. This "democratic" style of deciding responsibilities is used by many Americans. (p.179)

⑲ Handling Emergencies

It is a good idea to have a label on or near the phone listing the phone numbers. In serious emergencies, people sometimes even forget their names and addresses!

- 911 is for emergency calls only; fire, medical or police.
- Be prepared to tell the exact location where help is needed.
- In the case of medical calls, ask someone to

stand out near the street and bring the rescue workers directly to the patient.

- Stay calm, and speak clearly.
- The 911 operator will tell you what to do until help arrives. Stay on the phone and answer all questions.
- In some areas, the operator may ask if you wish to do CPR (Cardio-Pulmonary Resuscitation). If you agree to do so. the operator will give you step-by-step directions. (p.187)

⑳ Complaints

Americans who have a complaint about the behavior of a friend will often tell the friend directly. However, when a complaint is about a stranger's behavior, the person will usually ask someone in authority (in this scene, the server) to solve the problem. Likewise. Americans complain directly to neighbors they know, but complain to the police if they have a problem with a neighbor they don't know.

Extremely loud talking is rare in most American restaurants. Someone who is too loud, uses impolite language, or pushes people or things around when drinking will usually be asked to leave a restaurant or bar. (p.196)

㉑ Lines

Americans usually make lines when there are more than two people waiting for service. If someone "cuts" in front of others who have been waiting, people usually get angry at that person. When you join a line, you should; (a) make sure you are at the end of the line, (b) and ask very politely for permission if you need to go ahead of others. (p.203)

㉒ Anger

In the second scene. Chuck is very angry that his luggage is missing and raises his voice while talking to his friend. His friend knows that he is angry at the situation, and not at him. Many adult Americans show their anger at situations very easily. Some people accept this; others think it is immature. When someone gets angry and starts shouting, it's best to respond with a calm voice. Usually, the person's anger is not directed at you personally.

Security

- If you check any bags, it is best to lock them. Never leave valuables in checked luggage. The woman in this scene removed her camera from her checked luggage.
- All luggage (even carry-on) should have labels, both inside and outside, with your name, address, and destination address and phone number.

Carry-on Luggage and Checked Luggage

Check with your airline for carry-on guidelines and weight restrictions. Most airlines in the U.S. limit the number of carry-on bags to two. All carry-on items must fit under the seat or in the overhead bins.

Flying in the U.S. often involves changing planes when the distance is great. There is a slight possibility of late arrival (or even loss) of checked luggage if:

- you are changing planes en route to your destination (particularly if you change airlines)
- you have little time to change planes
- you check-in late

Business people often "travel light,"* limiting their luggage to a garment bag or a small carry-on bag and an attache case. By doing this, they never have to worry about lost luggage, and they save time at their destination, too.

(* travel light: travel with very little luggage) (p.214)

㉓ Going Dutch

When a group of people goes Dutch, each pays only for what that person has eaten. Tell your server beforehand that you would like separate checks. Going Dutch is not always an acceptable practice, depending on the situation. It's not usually done at business meals. Also, when large groups are involved, it is inconvenient for the server to write separate checks. In such cases, people usually split the bill. In addition, servers at good restaurants prefer to prepare only one. (p.224)

㉔ Using the Bus

In most cities, bus stops are not clearly marked and bus schedules may not be displayed at the bus stop.

You may have to contact the bus company for schedule information - even for daily commuter routes. Bus route schedules can usually be found in local libraries, the post office, supermarkets, shopping malls, hotels, and so on.

When you take a bus, you should have exact change since there are few buses or bus stops with bill changers. The fare depends on the distance traveled. Metropolitan areas are usually divided into zones: a passenger can go anywhere within a zone for a fixed price, but the price increases for additional zones. The downtown shopping area may be part of a "free zone" within which passengers do not have to pay.

Bus drivers generally do not announce each stop, so you may need to ask the driver or another passenger to let you know when the bus gets to your stop.

Some bus drivers may talk with nearby passengers while driving, just as people do in private cars Too much talking may be distracting, but most drivers feel it's okay to talk a little. Bus companies want their drivers to be safe and skillful, but also friendly. (pp.232-33)

㉕ Restroom Terminology

Restroom is the term which is used most frequently in the U.S. It is also polite to say men's room or ladies' room. Signs in public buildings are also labeled this way. You may also hear washroom, lavatory, or powder room (ladies only), but many Americans consider toilet to be slightly impolite. The word bathroom usually refers to the room in a private home which contains a toilet, a sink and often a bath or shower.

Finding Buildings and Houses

Most homes have "house numbers" (often next to the front door) which are clearly visible from the street. The numbers are in consecutive order, though some numbers may be skipped. Even' numbers will be on one side of the street and odd numbers on the other side. However many businesses are not clearly marked with a street number or sign on the building. If you know the business address, it is easy to find the general area, but you may have to hunt for its exact location. (p.243)

㉖ Handling Personal Questions

Dan should not have asked such a personal question, especially in the middle of a meeting. Jason's response to Dan's personal question is the informal (and impolite) version of "I'd rather not say."

Many Americans feel it is improper to ask personal questions about someone's age, politics, religion, salary, romantic life, lifestyle, weight, or the cost of possessions. When someone is asked a question that is "too personal", that person may answer directly and impolitely as Jason did in the video dialog, or may give an evasive reply. * A good way to avoid answering overly personal questions is to use humor in the reply. In this way, the question is left unanswered and an uncomfortable situation is avoided.

(* evasive reply: a reply which avoids answering the question) (p.252)

㉗ Regulating Smoking

Many states in the U.S. do not allow smoking in public buildings. Many states also require non-smoking areas in restaurants and private companies. Some companies do not allow smoking at all. A few companies give workers a cash bonus if they give up smoking. Recently, the number of Americans who smoke has gone down significantly. (p.261)

4

글로벌 문화 간 교류와 소통의 현안들

이 장에서 다룰 내용은 글로벌 시대인 오늘날 각 국가 간에 문화적 교류와 소통에서 괄목할 만한 현안으로 떠오른 문제들이다. 문화 간 교류의 활성화와 갈등 해소에 관한 방안을 위한 여러 제안들이 여러 신문에서 칼럼으로 다루어졌다. 프랑스, 미국, 노르웨이, 동남아 등에서 발생한 문화 간의 우호적 친교나 교류 문제뿐만 아니라 문화 간의 갈등과 불화 그리고 세계에서 뜨겁게 부상하고 있는 한류(Korean cultural move) 등의 현안이 포함되어 있다.

1) 프랑스 문화의 다양성 존중과 프랑스 휴머니즘

프랑스 새 정부에 한국의 입양아 출신 플뢰르 펠르랭이 중기·디지털 장관으로 입각하였다. 펠르랭은 그 이름처럼 행동도 의식도 프랑스인이다. 양부모의 헌신적 양육과 그녀의 타고난 재능과 노력이 어울려 얻은 결실일 테지만 무엇보다도 다인종과 다문화의 차이를 인정하고 다양성을 존중하는 프랑스 휴머니즘의 승리라고 평가된다(국제신문 칼럼 「아침숲길」 - "휴머니즘의 미학" 부산대 불문과 박형섭 교수, 2012.6.2 참조). 박형섭에 의하면, 양부모들은 그녀를 지적이고 자유스러운 분위기 속에서 양육했고, 그녀는 프랑스 최고의 엘리트코스 교육을 받으며 사회적으로 성공했다. 하지만 입양아 출신이라는 것과 얼굴색이 다르다는 것에 대해 절망도 했을 것이며 프랑스인으로 성장하면서 무수한 장벽을 극복했을 것이다.

프랑스 사회에는 펠르랭처럼 출신지와 배경에 상관없이 정치, 경제, 학계, 스포츠 등 각 분야에서 능력을 인정받아 성공한 사람들이 허다하다. 전 대통령 니콜라 사르코지는 헝가리 이민자 출신의 아들이며, 세계적인 극작가 외젠 이오네스코는 루마니아에서 귀화한 사람이다. 해체주의 철학자 자크 데리다는 유대계 알제리인, 축구의 황제 지네딘 지단은 알제리 베르베르족 이주민 출신이다. 테니스 챔피언 야닉 노아는 흑인이지만 여전히 프랑스의 영웅으로 추앙받는다. 프랑수아 쳉은 중국 출신으로 프랑스학술원 회원이 되었다. 이들 모두는 프랑스적 휴머니즘의 수혜자들이다.

입양과 이민, 정치적 망명 수용 등과 같은 다양성의 인종정책은 프랑스 휴머니즘의 바탕에서 수행된다. 프랑스인들은 지구촌 어디에서든 인종차별이나 인권에 반하는 행위가 일어나는 경우 연대감을 표시한다. 인간들 사이의 차이를 너그럽게 인정하는 것, 가치관의 다양성을 존중하는 것이 프랑스의 톨레랑스(관용)의 미덕이다. 골(Gaule)족인 프랑스인들은 기질적으로 동일성이나 획일화된 형식을 혐오한다. 그들은 오히려 서로 다른 문화와 종교, 이데올로기에서 아름다움을 느끼는 성향이 있다. 그들은 절대적 가치에 대한 신봉이나 순혈주의는 나치와 같은 파시즘을 낳는다고 생각한다. 펠르랭은 인터뷰에서 "우수한 사람을 인정하는 것이 프랑스 사회이고, 그런 사회 분위기 속에서 차별을 느낀 적은 없다"고 했다. 프랑스에서는 인종적 차별로 비인간적 처우를 받는 경우는 드물다. 글로벌시대의 존재 방식으로서 열린 삶이란 나와 타자 사이의 경계를 허물고 상호관계 속에서 인격적 존중과 화합으로 인류애를 실현하는 것이다.

2) 미국의 대중과 타문화에 대한 열린 마음

조선일보 최승현 기자(2012.9.28 칼럼)에 의하면, 지난 3~4월 미국 지상파 채널 폭스(Fox) TV에서는 중남미 구석구석에 숨어 있던 가수·연주자·무용가들이 한꺼번에 쏟아져 나와 재능을 겨뤘다. 콜롬비아·베네수엘라·브라질·아르헨티나·칠레 등 라틴 아메리카 전역에 숨어 지내는 재능 있는 연예인을 찾기 위한 오디션 프로그램인 '큐 비바(Q' Viva)'를 통해서였다. 라틴 계열로 미국에서 벼락스타가 된 가수 제니퍼 로페즈(Lopez)와 마크 앤소니(Anthony)가 직접 중남미를 돌며 현장 오디션을 펼쳤고, 숱한 '능력자'들이 이국적 풍광을 배경으로 화려한 안무·연주·노래를 펼쳐 보이며 미국 대중을 경탄시켰다.

이 프로에 대한 관심은 세상의 모든 문화를 용광로처럼 흡수해 한 단계씩 성장해 가는 미국의 힘을 단적으로 보여주었다. 각자의 언어로 무대에 서는 이국의 연예인들만으로 미국 전역에 송출되는 지상파 시리즈를 만드는 방송사도 낯선 얼굴과 언어를 앞세워 공연을 펼치는 연예인에게 뜨거운 호응을 보내는 미국의 시청자도 다른 문화에 대한 열린 마음은 하나였던 것이다.

한국 가수 싸이의 '강남스타일'에 대한 미국인들의 열광도 비슷한 맥락이다. 이들은 요즘 알아듣지도 못하는 한국어 가사로 노래하는 싸이를 보겠다며 지상파 방송사 스튜디오까지 몰려들어 온몸으로 흥분한다. 마음을 뒤흔드는 음악과 춤 앞에서 국적·피부색·언어는 아무런 장벽이 되지 않는다는 사실을 알고 있기 때문이다. "대한민국 만세!" "죽이지?" 같은 '어록(語錄)'을 남기며 미국인을 매료시키는 싸이의 재능과 패기에만 환호를 보냈던 우리로서는 이제 외국어 노래에도 뜨겁게 감응하는 미국 대중의 문화적 개방성과 포용력에도 관심을 둘 때가 됐다.

미국 대중음악이 세계를 제패한 이유는 간단하다. '침공(인베이젼·Invasion)'이라고까지 불렸던 비틀즈(영국), 아바(스웨덴), 비지스(호주) 등 세계 각국 뮤지션의 끊임없는 도전을 기쁘게 받아들이며 그들의 음악을 끌어안아 자신의 것으로 승화시켰기 때문이다. K팝 열풍과 함께 세계의 신흥 대중문화 강국으로 떠오른 한국이 이제 조금씩 배워나가야 할 것은 이런 미국 대중과 문화산업계의 개방적 마음가짐이다.

문화는 교류를 거름 삼아 성장한다. 수출도 중요하지만 수입을 통해 다른 세계에 눈뜨는 과정은 더욱 소중하다. 조금이라도 더 많은 이익을 남겨야 하는 공산품의 무역과는 다른 논리로 접근해야 한다는 얘기다. 5~6년 전만 해도 한국 대중은 미국은 물론 아시아·유럽 각지의 다양한 대중문화에 열띤 관심을 보였다. 하지만 지금은 그런 열정이 많이 식었다. 해외 음악을 국내에 소개하는 음반·음원 유통사들의 고민은 이런 현실을 단적으로 보여준다. 유니버설 뮤직 코리아의 한 관계자는 "지난해와 비교해도 음반·음원 판매량이 10% 이상 감소했다"며 "새로운 해외 음악에 대한 관심이 이렇게 싸늘했던 적이 없어 아쉽다"고 했다. 전체 음반 판매량 대비 외국 음반 판매량 비율은 2007년 53%에서 2012년 34%로 급감했다.

3) 노르웨이와 다문화주의: 극우 반이슬람 테러리즘

국제신문 기자 박무성은 칼럼 "현실로 다가온 다문화 사회 한국, '오슬러브' 외치는 국민의식 가능한가"(2011.08.05)에서 10년 전에 둘러본 노르웨이와는 너무나 다른 모습의 테러 사건이 노르웨이에서 발생한 사실에 충격을 감추지 못한다. 테러범 안데르스 베링 브레이빅은 다문화주의에 대한 공격과 경고를 극우적 테러 행위로 보여줬다. 지금 노르웨이뿐만 아니라 유럽 사회 전체에 유럽 고유의 정체성을 지키려는 극우 세력의 확산 조짐이 뚜렷하다고 알려져 있다. 이민자들에 대한 적대감은 이미 널리 퍼져 있다고 한다.

2013년 7월 23일 노르웨이 수도 오슬로와 인근 우토야 섬에서 발생한 연쇄테러로 76명이 희생됐다. 우토야 섬 사망자는 대부분 10대 청소년이었다. 인구가 460만 명 남짓한 나라에서, 그것도 노벨 평화상을 주는 나라에서 일어난 참극은 미국의 9·11 테러에 버금가는 것이었다. 웬만한 강대국도 혼란에 빠뜨릴 만한 사건에 노르웨이의 대응 태도는 달랐다. 테러범 안데르스 베링 브레이빅의 다문화주의에 대한 공격과 경고에 노르웨이 국민은 관용과 인류애로 응했다. 지금 노르웨이의 국민적 구호는 '오슬러브(Oslove)'다. 수도 오슬로(Oslo)와 러브(Love)의 합성어인 '오슬러브'의 로고가 노르웨이 곳곳을 뒤덮고 있다고 한다.

박무성 기자에 의하면, 10년 전쯤 스쳐 지나가듯 둘러본 노르웨이는 참 따분한 나라였다. 빙하가 만든 대협곡 피요르드 외에는 볼거리도 많지 않았고 바이킹의 용맹도 오래 전 박물관에 박제돼버린 듯 시민들은 유순하게만 보였다고 한다. 생수 한 병에 우리 돈으로 4,000원 정도나 하는 고물가에 어리둥절했지만, 10년 아니 100년이 가도 별로 변할 것 같지 않은 안정된 사회라는 인상을 주었다. '대형사건은커녕 동네 강아지 한 마리 죽어도 뉴스가 될 법한 이런 세상에 사람들은 무슨 재미로 사는지 모르겠다'고 동행들과 노닥거렸던 기억이 난다는 것이다. 그런 나라에 2차 세계대전 이후 최악의 참사가 벌어졌다.

노르웨이국제문제연구소(NUPI) 분쟁문제 전문가인 헬게 루라스는 이번 테러 사태의 본질을 이렇게 짚어냈다. "노르웨이가 다문화주의에 관용적이라는 평가는 사실에 근거한 것이기보다 신화에 가깝다." 그는 사람들이 무슬림 이민을 제한해야 한다는 생각을 하면서도 인종차별주의자로 낙인찍히는 것이 두려워 말하지 않는 것일 뿐이라고 지적했다.

인종차별 금지와 다문화주의는 노르웨이의 사회적 합의이자 지향점이다. 인종차별주의자는 공직이나 명망이 있는 직장을 구하는 데 불이익을 받는다. 테러범 브레이빅과 비슷한 생각을 갖고 있어도 내놓고 이야기할 수 있는 환경이 아니라는 것이다. 루라스 연구원은 노르웨이가 이민을 줄여야 한다거나, 통제할 수 없는 수준까지 왔다고 여기는 국민이 50% 가량 될 것으로 점쳤다. 이와 같은 지적을 보면서 노르웨이의 다문화주의를 바라보는 환상은 깨졌지만 한편으로 인간 세상의 보편성을 확인하기도 했다. 일본 동북지역 대지진 참사 때 일본인들의 경이로운 자제력과 침착성을 보면서 어딘가 모르게 불편했던 것처럼 노르웨이인들의 이번 테러에 대한 반응에서도 이해하기 어려운 부분이 없지 않았다. 하지만 노르웨이는 테러에 대응하는 새로운 패러다임을 제시했다. 9·11 이후 미국이 보여주고 있는 보복적이고 패권적인 대응과는 분명 차별화된 모습이다.

노르웨이 국민들은 관용과 배려에 역행하는 인종차별주의

자들의 시도가 얼마나 무모하고, 결국 그런 이기심과 분노가 자신들에게 부메랑이 되어 돌아온다는 사실을 깨닫고 있다. 노르웨이의 이번 사건은 '열린사회'를 향해 갈 길이 아직도 멀다는 사실과 다문화사회가 어떠해야 하는지, 또 관용과 배려가 어떻게 통용되어야 하는 것인지 좌표로 삼을 수 있는 모델이 될 것으로 기대된다.

부산일보 기자 박찬주 기자의 칼럼 "극우 준동 우려: 유럽 내 반이슬람 정서 '걱정되네'"(2011.7.26)에서 유럽에서 이민자는 3천만 명이나 되며 경제난·실업률 증가로 현지인의 반감이 가중되고 있음을 전한다. 노르웨이 연쇄 테러가 극우주의자의 소행으로 드러나면서 유럽 내 반이슬람 정서에 대한 우려가 점차 커지고 있다. 아랍권 위성방송 알아라비야는 25일 '유럽의 인종주의자들이 무슬림 이민자를 정조준하다'는 제목의 기사를 통해 이번 사건은 무슬림을 직접 겨냥한 테러는 아니지만 현지 경찰은 무슬림을 목표로 한 유럽 내 극우 인종주의자들의 테러 가능성이 상존하고 있는 것으로 보고 있다고 보도했다.

유럽 내 반이슬람 정서는 191명의 목숨을 앗아간 2004년 마드리드 열차 테러, 56명을 숨지게 한 2005년 런던 지하철 테러 등과 같은 유럽국가 수도 한복판에서 이슬람 극단주의 세력이 주도한 테러를 겪으며 지난 10년간 크게 증폭되어 왔다. 특히 최근의 경제위기와 실업률 증가는 이민자들에 대한 거부감을 가중시키고 있다.

현재 무슬림을 포함한 비유럽 출신 이민자는 유럽 전체 인구의 4%인 약 3천만 명인데 이 중 프랑스나 스페인 등은 이민자 비율은 10% 안팎에 이를 정도로 높은 편이다. 이와 같은 분위기는 정치적으로 친 이민, 이슬람, 다문화주의에 반대하는 극우주의 정당의 득세와 함께 유럽의 자랑이었던 '관용(톨레랑스) 정책'의 포기로 이어지고 있다. 노르웨이에선 극우 성향의 원내 제2 당인 진보당이 2009년 총선에서 의석을 역대 최다인 41석으로 늘렸으며, 스웨덴에선 민주당이 지난해 선거에서 5.7%를 획득해 처음으로 원내에 진출했다. 스위스에서는 2009년 11월 국민당(SVD)을 비롯한 우파정당들의 주도로 이슬람 사원의 상징적 건축물인 첨탑(Minaret) 건설을 금지하는 국민투표안이 통과되기도 했다. 이로 인해 벨기에는 프랑스(4월)에 이어 유럽 국가 중 두 번째로 지난 23일부터 공공장소에서 무슬림 여성의 니캅과 부르카 착용을 금지하는 법 시행에 들어갔으며, 스페인과 네덜란드는 유사 법률의 제정을 준비 중이다. CNN은 24일 "이번 참극의 이면에는 유럽을 뒤덮는 극우주의 부활의 움직임이 있다"며 유사 테러 재발 가능성을 경고했다.

김현정(부산일보 부일 읽기, 2011.8.1)은, 칼럼 "노르웨이에서 다문화의 길을 묻다"에서 박노자 오슬로대학 교수의 생각을 전언하면서 "버스기사와 대학교수의 월급이 같은 노르웨이에는 좌우는 있어도 위아래는 없다"고 말한다. 작금의 저숙련 노동 계층의 지속적인 이민 유입 현상과 파급되는 다문화 사회에 대한 반감의 기저에는 사회 양극화, 실업률 증가, 워킹푸어 계층의 증가 등이 있다고 지적한다.

유럽 다문화주의 극우 세력은 사회의 불평등, 양극화 등에 의한 불만을 이민자라는 특정 집단을 지목해 분노를 표현하도록 유도해 왔다. 현재 대부분의 선진국에서 벌어지고 있는 이민자 유입에 의한 저숙련 노동 일자리 다툼은 이를 뒷받침해 왔다. 그러나 당초 사건이 발생한 노르웨이에서는 사회의 특정 집단에 책임을 전가하는 것을 극도로 경계하고 있다. 이는 이민자 집단은 물론 뒤늦은 출동으로 비난을 받아 온 경찰에게도 해당된다. 사건의 본질은 극우 테러범의 비정상적인 생각에 의한 이상 행동에 있으며, 사건에서 교훈을 얻어 더욱 개방적이고 관용적인 사회로 거듭나는 데 있음을 정부 지도자들이 나서서 누차 강조하고 있다.

국제신문 칼럼 "우리들 마음속의 '브레이빅'"(2011.8.10)에서 법무법인 국제 대표변호사 홍광식은 다음과 같이 말하고 있다.

> 유럽에서 마지막으로 남은 자연이 살아 있는 풍광이 수려한 나라, 국민소득 4만 달러가 넘는 나라, 그리고 경제적 평등, 민주주의가 충실히 실현되어 있는, 대표적으로 평화를 애호하는 나라에서 이런 극단적인 테러가 벌어지다니…. 브레이빅이 살고 있는 노르웨이 국가, 사회의 상황과도 무관하지는 않은 것 같다. 브레이빅은 스스로 "유럽 기독교의 가치를 구원하기 위해 죽을 운명을 간직한 전사"로 자처한다.
>
> 브레이빅은 노르웨이 민족주의, 유럽중심주의, 백인우월주의로 무장하였다. 그가 속하였던 진보당은 이민정책과 유럽통합, 세계화와 외국자본에 대하여 격렬한 반감을 가지고 선동하였다. 방향을 잘못 잡은 신념이 얼마나 무서운 결과를 가져올 수 있는가를 단적으로 보여주었다. 장자의 글에도 '깊이 혹한 사람은 몸이 다할 때까지 헤어날 수 없다(大惑者終身不解)'고 하였다. '우리'와 '그들'을 가르고 타자(他者)에 대하여는 존재할 가치도 없다는 그 증오의 광기. 그 광기가 노르웨이뿐 아니라 유럽전역에도 퍼지고 있는 듯하다.
>
> 지난 7월 중순에는 독일에서 한국 여성 장모씨가

아홉 살 딸, 여섯 살 아들과 전차를 타고 놀이터로 가다 독일여성으로부터 뺨을 맞고, 목을 졸린 사건이 발생하였다. 그 독일 여성은 장 씨를 향해 "째진 눈"이라고 고함을 질렀다고 슈피겔지가 전한다.

지난날 나치독일이 어떻게 그 많은 사람들을 학살하는 행동으로 나아갈 수 있는가에 관하여 여러 사람들의 연구가 있었다. 막스 피카드는 '우리들의 마음속의 히틀러'라는 책에서 당시 학살을 자행한 사람들의 마음속에 무서운 히틀러를 가지고 있었다고 하였다.

스위스 출신으로 미국에서 죽음을 가장 많이 연구한 엘리자베스 퀴블러 로스는 만년에 지은 책 '인생수업'에서 다음과 같이 지적하고 있다. "우리들 각자는 내면에 간디와 히틀러가 있다. 간디는 우리 안에 있는 최상의 것, 우리 안의 가장 자비로운 모습이고, 히틀러는 최악의 것, 부정적이고 편협한 모습이다. 그런 편협함과 부정적인 모습을 걷어내고, 우리 자신과 서로의 안에 있는 최상의 것을 발견하여야 한다."

노르웨이 사회에 의외로 이혼율이 높고, 자살자 수도 많다고 한다. 물질적인 풍요, 경제적인 발전만으로 해결되지 않는 많은 문제가 있다. 이번 테러가 발생한 뒤 수도 오슬로(Oslo)와 러브(love)의 합성어 오슬러브(Oslove)라는 구호가 전국을 뒤덮어 박애와 사랑으로 대응하는 노르웨이 국민들의 모습에 희망이 보인다. 우리 사회에도 이념적 편 가르기, 상호부정과 혐오가 도를 지나치고 있다.

브레이빅 같은 살인자를 옹호하거나 변호할 생각은 전혀 없다. 법원에서 소년사건을 담당하면서 소년범죄자의 90% 가까이가 부모가 이혼하였거나 없는 결손가정에서 나온다는 사실을 알고 있다. 브레이빅이

한 살 때에 이혼하고 프랑스에서 살고 있는 아버지가 아들의 테러소식을 듣고 한 인터뷰기사를 보았다. "그를 내 아들이라고 느끼지 않았다. 그는 자살했어야 했다"라고 하였고, "나는 면회갈 생각도 없다"고 말을 잘랐다. 아버지라는 사람이 한 말로는 위도 높은 북방 노르웨이의 빙하 보다 더 차갑다.

브레이빅은 우리나라 등의 대가족 제도를 동경하였다. 사실 대가족 제도는 여성들을 비롯한 여러 사람들의 희생을 강요하는 등 문제점이 많다. 그래도 어릴 때 할아버지, 할머니의 무조건적인 사랑을 받을 수 있는 등 좋은 점이 없지 않았다. 사람이 태어나 가정에서 양육되고, 학교에서 배우고, 사회로 나가게 되는데, 가정이나 학교 사회 어느 곳에서라도 따듯한 정을 받은 사람은 잔인하게 되지는 않을 것이다. 함께 살아가는 사람들의 마음을 보살피고, 그들의 마음속에 브레이빅이 자라고 있지 않는지 살펴보아야 하겠다. 먼저 내 마음속에는 간디가 튼실하게 자리 잡도록 하고.

4) 국제 테러리즘: 기독교 문명과 이슬람 문명의 차이

추리소설 작가이자 추리문학관 관장인 김성종의 부산일보에 기고한 글(부일시론, 2013.5.2)에 의하면, 일본 적군파, 독일의 바더 마인호프, 이탈리아의 붉은 여단은 모두 1960~70년대에 악명을 떨쳤던 좌파 테러단체들이다. 그러나 좌파 테러단체들은 70년대를 고비로 공산주의 몰락과 함께 소멸되고 대신 새롭고 강력한 힘을 가진 세력이 등장하는데, 바로 이슬람 무장 세력이 그들이다.

이슬람 테러의 상대는 처음에는 이스라엘이었지만 그 영역이 점차 확대되어 지금은 미국으로 대표되는 서방 세계이고, 문명 충돌의 양상까지 띠고 있다. 이슬람 테러의 가장 충격적인 신호탄은 72년 9월 5일에 발생한 뮌헨 올림픽 테러이다. 그날 새벽 팔레스타인 '검은 9월단' 소속의 무장괴한들은 이스라엘 선수촌을 습격, 이스라엘 선수 11명을 살해한다. 골다 메이어 총리는 이스라엘 정보부인 모사드에 전 세계를 뒤져서라도 테러분자들을 색출하여 처단하라는 명령을 내렸고, 그때부터 모사드는 20년에 걸쳐 보복작전을 수행, 테러분자들을 모두 암살한다.

기독교 문명과 이슬람 문명의 차이는 무엇보다도 표현의 자유에서 비롯된다. 기독교 문명은 과거 계몽주의 시대를 거치면서 신성 모독과 같은 개념을 상실하였고 비판에 익숙해지고 너그러워진 반면 이슬람은 신성 모독을 금기시하여 편협한 종교관으로 신성을 모독한 자를 단호하게 응징한다. 영국작가 살만 루슈디가 소설 '악마의 시'에서 마호메트를 풍자하고 코란을 악마의 계시라고 썼다가 호메이니의 명령으로 목에 100만 달러의 현상금이 내걸린 채 이곳저곳으로 도망다닌 것은 유명한 이야기이다. 네덜란드 영화감독 테오 반 고흐(인상파 화가 반 고흐의 동생 테오의 증손자)는 이슬람의 여성 차별을 비판한 영화 '굴종'을 제작했다가 암스테르담 거리에서 자전거를 탄 채로 총에 맞아 죽었는데 그것도 모자라 범인은 칼로 그의 목을 베고 격문을 가슴에 꽂기까지 했다.

갈수록 격렬해지던 이슬람 테러는 급기야 2001년 9월 11일 뉴욕의 세계무역센터를 공격함으로써 그 정점에 이른다. 인간의 상상력을 뛰어넘는 9·11테러는 사망자만 3천여 명에 이른 대참극이었는데, 알카에다의 애초 계획은 10대의 비행기를 납

치해서 태평양상에서 폭파하는 것이었다. 그중에는 한국에서 출발하는 비행기도 포함되어 있었던 것으로 알려졌다. 9·11테러를 감행한 19명의 테러리스트들은 대부분이 함부르크 공대 출신들로 독일에서 나고 자랐다. 그들은 왜 테러리스트가 되었을까?

이슬람 테러와 미국의 관계는 2차 대전까지 거슬러 올라간다. 독일군이 침공해 오자 스탈린은 소련연방 내의 중앙아시아 출신 이슬람 청년 수백만 명을 징집, 총알받이로 대독전선에 내보낸다. 그러나 얼마 지나지 않아 그들은 독일군의 포로가 되고, 이번에는 독일군이 되어 소련군에게 총부리를 겨눈다. 그리고 얼마 후 종전이 되자 그들은 연합군의 포로가 되어 난처한 입장에 놓이게 된다. 소련은 회교도 포로들을 반역자로 처단할 준비를 해 놓고 당장 돌려보내라고 독촉한다. 오갈 데 없이 국제 미아가 된 포로들이 공포에 떨고 있을 때 그들을 받아준 것은 미국을 중심으로 한 서방 세계였다. 소련과의 냉전이 시작될 것을 예견한 미국은 그 포로들을 냉전에 이용하기 위해 대부분 독일에 정착시킨다. 그들은 러시아어에 정통하고 소련에 관한 많은 정보를 갖고 있기 때문이었다. 현재 독일에는 400만 명의 이슬람교도가 거주하고 있는데, 9·11테러의 범인들은 2차 대전 당시 포로로 붙잡혔다가 독일에 정착한 이슬람교도들의 후손인 셈이다.

미국이 소련과의 냉전에서 이슬람교도들을 십분 이용한 것은 소련의 아프가니스탄 침공 때였다. 베트남 전쟁에서 지칠 대로 지친 미국은 이슬람교도들을 훈련시키고 첨단 무기들을 지원해서 아프가니스탄 전장에 투입했다. CIA가 당시 뉴욕에서 이슬람 용병들을 모집한 것은 공공연한 비밀이다. CIA가 훈련시키고 지원한 이슬람교도들은 무자헤딘(성스러운 이슬람 전사)으로 단련되어 아프가니스탄 전장에서 소련군과 맞서 싸웠고, 결국 소련은 10년 동안 고전하다가 아프가니스탄에서 패퇴하고 만다. 그리고 10년이 흘러 그 자리에 이번에는 미군이 들어온다.

9·11테러 직후 미국은 오사마 빈 라덴이 숨어 있는 아프가니스탄을 침공했고, 그들을 맞이한 것은 그들이 훈련시키고 지원했던 무자헤딘들이었다. 과거의 동지가 이제는 적이 되어 서로 총부리를 겨누게 된 것이다. 역사의 아이러니가 아닐 수 없다. 미국은 이제 전 세계에서 무자헤딘의 테러 공격을 막아내야 하는 입장이 되었다.

5) 전쟁의 원인과 타문화와의 소통 부재

부산일보 방준식 기자의 '책 소개'((2012.12.1)에 의하면, 2차 세계 대전을 끝으로 냉전 시대에 돌입한 세계는 이후 다시 '열전' 시대로 역행하는 행태를 보인다고 지적한다. 지난 걸프전과 코소보전, 아프가니스탄 전쟁을 비롯해 이스라엘과 이슬람권의 갈등 등 '신 전쟁'으로 통칭하는 이러한 현상의 내면을 들여다보면 냉전 이전 시대와 별다를 것이 없어 보인다는 것이다. 『가재걸음』(움베르토 에코 지음/김희정 옮김/열린책들)에서 세계적인 석학 움베르토 에코는 21세기 현실을 여지없이 비판한다.

그는 전쟁이 발발하게 된 원인과 전쟁 형태를 근본주의, 원리주의, 인종주의의 개념 및 내전, 테러리즘과 레지스탕스 관점에서 되짚어 본다. 그가 내놓은 결론은 뜻밖에 간단하다. 다른 문화와 인종에 관한 이해 부족과 소통 부재가 전쟁의 주원인이며, 이는 권력을 남용하는 자들의 적대적이고 구시대적인 사상을 단적으로 보여준다는 것이다. 그는 미디어의 발전과 함께 과거 비민주적인 정치 행태가 나타나는 역설적인 현상도 일어나고 있다고 지적하면서, 불안한 현실을 사는 현대인들은 희망을 찾으면서 구시대의 산물을 극복하기 위해 이해와 관용의 자세로 이질감을 없애는 노력을 해야 한다고 주장한다.

부산일보 이병수 기자는 칼럼 "다문화 사회, 톨레랑스를 넘어" (2011.8.23)에서 국제 이주자와 다문화 가정에 대한 관용의 마인드와 다문화 정책의 필요성을 다음과 같이 제안한다.

> 얼마 전 외국인 근로자 모임 후 필리핀 자매를 아내와 함께 승용차로 약 30분 정도 소요되는 김해 상동의 집까지 태워 주었다. 집 안에는 시어머니가 밭일을 하고 계셨고 그 시어머니 옆에 젊은 여자가 밭일을 돕고 있어서 친딸인줄 알았는데 나중에 알고 보니 베트남 여성으로 그 시어머니의 며느리라는 것을 알게 되었다. 그 시어머니의 두 아들의 며느리 중 한 명은 필리핀, 다른 한 명은 베트남 여성이었다.
>
> 농협중앙회는 금년을 '다문화가정 지원 확대 원년'으로 선포하고 농촌 사회의 가장 중요한 변화 중 하나로 다문화 가정의 증가를 꼽았다. 10년 후 농촌의 절반이 다문화 가정으로 채워질 것으로 예상하고 농업의 미래가 이들에게 달려 있다고 보았다. 이 현상은 농어촌 지역에만 국한될 것이 아니라 전국적으로 확산될 것으로 짐작된다. 저출산, 고령화와 3D 직종 기피로 이민의 적극적 수용이 나타나고 있는 가운데 국제 이주자와 다문화 가정 증가로 한국은 다문화 사회로 갈 수밖에 없는 현실이다.

그런데 최근 노르웨이에서 일어난 비극적 테러사건은 다문화 사회로 진행되고 있는 한국사회로 하여금 많은 것을 생각하게 하였고 언론 및 방송은 그 사건을 심도 있게 다루었다. 핵심어는 '톨레랑스'(Tolerance, 관용)였다. 노르웨이 사태 후 국내 한 일간지는 희생자들에게 헌화된 장미를 이렇게 묘사했다. "테러의 땅에 장미 바다…오슬로의 가슴에 톨레랑스가 피어났다."

노르웨이 사건은 지난해 말 독일의 메르켈 총리, 금년 초 영국의 캐머런 총리와 프랑스의 사르코지 대통령의 다문화주의 정책 포기와 궤를 같이하는 가운데 일어났다. 이들의 '다문화주의 포기' 발언은 1970년대 그것을 처음 도입한 호주와 캐나다에도 영향을 미쳤다. 그런데 유럽의 다문화주의 포기를 한국은 어떻게 보아야 할 것인가?

결코 포기해서는 안 된다. 국제 이주자와 다문화 가정에 대한 톨레랑스 및 다문화 정책을 유지하되 그것이 가지는 피상성 또한 경계해야 한다. 다문화주의의 포기는 그들이 주장하는 톨레랑스의 사상적 피상성에 기인한다. 이 피상성은 캐머런과 사르코지의 우파정권이 국익 때문에 다문화주의를 포기하는 것에서 쉽게 찾아 볼 수 있다. 또한 다문화 정책과 톨레랑스를 전유물로 삼고 있는 유럽 좌파는 우파의 다문화 정책 포기를 비판하지만 그것이 수사에만 그친다면 그 피상성을 피할 수 없다. 해결책은 진정성이다.

지구상에서 처음으로 동양과 서양을 하나가 되게 시도했던 알렉산더 대왕의 위대성은 "모든 인류는 평등하다"는 세계시민 정신 때문이었다. 그의 스승인 아리스토텔레스는 모든 야만인들(그리스인이 아닌 사람), 특히 아시아인은 '타고난 노예'라고 가르쳤다. 하

> 지만 알렉산더는 그리스인의 편견과 스승 아리스토텔레스의 한계를 뛰어넘은 진정한 세계인이었다.
>
> 알렉산더는 전쟁터에서 '야만인'들과 직접 접촉할 기회를 가지면서 그리스인이 과연 그들보다 우월한지 시험해 볼 수 있었다. 이런 경험을 통해 그는 모든 사람이 본질적으로 동일하다고 확신하게 되었고 기원전 329년 힌두쿠시를 가로질러 박트리아로 진군할 때는 대규모의 아시아인을 원정 주력군으로 충원했다. 그는 아시아 여성 록사나와 결혼했고, 1만 명의 병사들에게도 아시아 출신 아내를 얻게 했다.
>
> 한국사회에서 국제 이주자와 다문화 가정이 겪는 어려움 중 가장 원초적인 것은 그들에 대한 내국인의 편견과 차별이다. 그것을 극복할 수 있는 단초는 톨레랑스의 가치와 한계를 직시하면서 '모든 인류는 평등하다'는 인간에 대한 진정성 있는 교육과 실천이다.

부산일보 독자위원이자 부산시청 영어감수관인 앤드류 존스톤은 부산일보에 기고한 글, "일곱 빛깔 무지개, 다문화 사회"(부일 읽기. 2011.1.17)에서 부산이 문화적으로 다이내믹한 도시로 새롭게 발전해야 한다고 주장하면서 다음과 같이 제언하고 있다.

> '다이내믹 부산'(Dynamic Busan)은 부산시민 모두가 공감하는 부산의 아이덴티티가 됐다고 본다. 그러나 이런 구호를 너무 자주 들어 그 용어의 진정한 의미를 잊고 있는 것은 또한 아닌지 궁금하다.
>
> '다이내믹 부산'에서 함께 언급한 '세계로 향한'(Open to the World)은 무슨 의미를 담고 있을까? 한국과 부

산이 세계로 향해 열어놓은 문은 얼마나 클까? 지난 10년간 한국의 세계화는 엄청난 성과를 이뤘다. 그런 성과 속에서 부산도 글로벌 도시가 됐다. 영국인인 필자가 일본인, 중국인, 미국인 등과 함께 부산 시청에서 근무하고 있다는 사실만으로도 부산의 세계화는 충분히 입증된다. 또 부산에서 거행되고 있는 세계적 규모의 축제도 아시아를 넘어 세계 관광객의 입에 오르내리고 있다. 하지만 항상 더 보완하고 검토해서 개선해야 할 일들은 있기 마련이며 '다이내믹 부산'에 박차를 가하기 위해 몇 가지 아쉬운 점을 짚어보고자 한다.

그 첫 번째로 진정한 세계화를 이루기 위해서는 세계로 진출하는 한국과 함께, 한국도 세계를 품어야 한다는 점이다. 최근 아시아 전역에서 열풍을 일으키고 있는 한류문화에 관한 보도를 자주 접하면서도, 언젠가는 열대 동남아 특유의 즐겁고 흥겨운 리듬을 발산하는 베트남과 태국 등지의 음악과 대중문화가 한국에 들어오지 않을까 하는 기대를 갖게 한다.

물론 문화산업이라는 것이 수요자의 선호를 뒷받침하고 있어 '잘 제작된' 한류문화처럼 갑자기 선풍적인 인기를 끌지는 않을 것이다. 그러나 세계 유수의 대도시에서 볼 수 있는 다양한 세계 문화에 대한 접근성이 아직 부산에서는 그다지 뚜렷하지 않다는 점에서 아쉬운 것만은 틀림없다.

다양한 문화 콘텐츠의 확산도 절실하다. 이미 부산은 다문화 가정의 수가 40만 명을 넘어선 국제도시다. 이로 인해 부산의 초중고교에 다니는 다문화 가정의 자녀들이 상당한 수준에 이르고 있다. 이들을 위한 '오리지널' 문화 콘텐츠의 확산이 절실하다는 얘기다.

그나마 다행인 것은 부산영어방송국 Be-FM 개국으로 영어권 외국인들은 자신의 모국어로 라디오를 청취할 수 있게 됐다는 것이다. 그러나 이 같은 정책을 조금만 더 확대하면 같은 방송국에서 베트남, 필리핀, 중국어 사용자를 위한 오리지널 방송도 가능하지 않을까 하는 기대다. 특히 필리핀 출신 외국인을 위해서는 특정 시간대에 마닐라의 인기가요차트를 들려주고, 중국인을 위해서는 베이징의 연예가 소식 등을 전해줄 수 있을 것 같다.

사실 지금도 다문화가정을 소개하는 TV프로그램이 적은 것은 아니지만 이들 프로그램은 대부분 한국어 시청자의 다문화가정 '들여다보기'에 지나지 않다. 만약 부산이 베트남, 필리핀 사용자를 위한 프로그램을 따로 개발한다면 그것은 해당 외국인뿐 아니라 그 문화권을 공부하는 부산지역 학생들에게도 큰 도움을 줄 수 있다.

부산일보는 그동안 이들 다문화 가정의 애환을 다루는 기사를 많이 써왔다. 그러나 그 기사도 역시 다문화 가정의 들여다보기 수준에서 크게 벗어나지 않았다고 본다. 다문화 가정을 제대로 이해하고 그들의 부산 생활을 돕고 싶다면 좀 더 근원적인 문제에 관심을 갖고 지속적인 기획기사를 발굴해주었으면 하는 바람이 크다.

우리는 무지개를 좋아한다. 그 이유는 서로 다른 일곱 빛깔이 아무렇게나 뒤섞여 있기 때문이 아니라 제각각 선명하게 자신의 빛깔을 뽐내는 '조화' 때문일 거라고 생각한다.

부산일보 백남경 기자는 칼럼 “다문화 가정 맞춤형 교육정책 시행돼야”(2011.1.5)에서 다문화 자녀 교육을 위해 다음과 같이 제안한다.

> 매년 증가하고 있는 우리 사회 내 다문화 가정과 그 자녀들을 위해 이들을 긍정적으로 수용할 수 있는 다양한 교육정책이 본격적으로 시행돼야 한다는 주장이 제기됐다.
>
> 4일 경남도교육청 주최로 마산대에서 열린 다문화 가정 자녀교육 담당교사를 대상으로 한 강연회에서 동아대 오성배 교수는 ‘다문화 교육의 방향’이란 주제를 통해 “차이가 차별로 진행돼 우리사회의 새로운 소외계층이 형성될 소지가 높고, 또 다른 양극화에 직면할 수 있다”면서 “특히 다문화 가정의 수가 크게 증가하고 있는 만큼 이에 대비한 본격적인 교육정책이 시행돼야 한다”고 주장했다.
>
> 오 교수는 구체적인 방안으로 공립형 다문화 대안학교의 설립, 다문화 특별학급 확대, 외국인 노동자 자녀의 입학 기회 확대 등을 제시했다.
>
> ‘다문화 자녀교육 방안’이란 주제로 강연한 진주교대 최문성 교수는 “우리 사회가 점점 다양한 구성원으로 형성되고 있는 만큼 편협한 자민족 중심의 정체성에서 벗어나야 하고, 이주민들에 대한 편견이나 범주화는 금물”이라고 지적했다.
>
> 최 교수는 이어 “이주민들이 정착하는 데 가장 어려운 것이 언어장벽과 문화차이”라며 “찾아가는 교육 등을 통해 부진한 한국어를 교육하는 한편 각급 학교에서도 다문화 학생들을 위한 체계적인 교육 프로그

> 램의 시행이 절실하다"고 강조했다.
>
> 한편 경남도교육청에 따르면 지난해 1월 현재 경남도 내의 다문화 가정은 1만834 가구로 총 자녀수는 7천866명으로 나타났다. 국적별로는 베트남이 3천865 가구로 가장 많았고, 중국 2천855 가구, 한국계 중국 1천684 가구, 필리핀 761 가구, 캄보디아 410 가구, 일본 343 가구, 태국 146 가구 등이었다. 자녀들의 연령 분포는 만 6세 이하가 5천899명으로 가장 많았고, 다음으로 만 7세~만 12세가 1천560명이었다.
>
> 전국적으로는 경기도가 4만9천855 가구로 가장 많았고, 서울 4만1천123 가구, 인천 1만1천344 가구 순으로 경남은 4번째였다.

조선일보 신정민 기자(2012.7.12)는 새누리당 국회의원인 이자스민 의원 주최 토론회에서 소란을 피운 외국인 혐오단체의 난동을 다음과 같이 비판하고 있다.

> 필리핀 결혼이주여성 출신으로 처음 국회의원이 된 이자스민 새누리당 의원 주최로 11일 열린 다문화 정책 토론회에서 일부 외국인 혐오 단체 회원들이 소란을 피웠다. 이 의원은 이날 오전 국회 헌정기념관에서 '다문화 정책의 주요 쟁점 및 입법과제 토론회'를 개최했다. 이 자리에는 결혼이주여성과 외국인 노동자 등 약 200명의 청중이 참석했다.
>
> 그러나 토론회 시작 직전 한 남성이 갑자기 단상에 올라 "정책토론회인데 반대 토론자도 한 사람 없이 마치 피고 없이 원고만으로 재판을 하는 것과 뭐가 다르냐"며 "다문화 정책은 민족말살 정책"이라고 큰

> 소리로 말했다. 국회 직원과 행사 관계자들이 제지하며 퇴장을 유도했으나 10여분간 몸싸움이 벌어졌고, 이 남성을 중심으로 몇몇이 "너희 같은 반역자들 때문에 이 나라가 어렵다." "김정일 같은 반역자들"이라고 소리를 질렀다.

6) 동아시아 문화 교류: 문화 다양성과 상대 문화의 존중

부산일보 문화부장 임성원 기자는 칼럼 "동아시아 문화도시"(2013. 4.30)에서 한국, 중국, 일본 사이에 상호 문화교류를 통해 문화 다양성의 존중과 상대 문화 이해를 위한 공동사업 추진 합의에 대해 소개하면서 다음과 같이 논평하고 있다.

> 한국 중국 일본을 아울러 아시아의 동부에 있다 하여 동아시아, 동북부에 있다 하여 동북아시아라 한다. 이들 3국은 공동 문어로 한문을 사용하며, 세계 종교로 유교와 불교를 공유하는 문화적 특성을 보인다. 문학평론가 조동일은 저서 '동아시아 문명론'에서 동북아시아의 중세문명을 동아시아 한문·유교·불교문명으로 특징짓고 남·동남아시아 산스크리트·힌두교·불교문명, 서남아시아·북·동아프리카 아랍어·이슬람문명, 유럽 라틴어·기독교문명과 다른 범주를 보인다고 역설한 바 있다.
>
> 가깝고도 먼 나라로 불리는 한·중·일 3국은 이데올로기 갈등과 과거사 및 영토 분쟁으로 동아시아라는 한 범주에 묶이기보다는 '따로 국밥' 혹은 '헤쳐 모여'식 문화 갈등을 빈번히 노출해 왔다. 이런 가운데 지난해 5월 3국 문화장관이 모여 문화 다양성 존중이라는 전제 아래 '동아시아 의식, 문화교류와 융

합, 상대 문화 이해'의 정신을 실천할 거점 도시인 '동아시아 문화도시' 사업을 2014년부터 실시하기로 합의해 눈길을 끌었다.

문화의 개방과 혼종을 상징하는 '헤테로토피아(Heterotopia · 다른 곳)'를 도시의 정체성으로 내세운 부산이 '동아시아 문화도시'에 도전장을 냈다. 국내에서 문화도시로 내로라하는 광주, 경주, 전주 등 5개 도시와 치열하게 겨룰 예정인데, 5월 초로 다가온 심사 결과에 이목이 쏠리고 있다.

마침 부산에서는 제30회 부산국제단편영화제(5월 2~6일), 제10회 부산국제연극제(5월 3~12일), 2013 조선통신사축제(5월 3~5일) 등 다채로운 국제 문화 향연이 앞 다퉈 피어나 국제 문화도시 부산의 진면목을 보여줄 참이다. 일본 최대 연휴인 골든위크(4월 27일~5월 6일)와 중국 노동절 연휴(4월 29일~5월 1일)를 맞아 동아시아 관광객들이 속속 찾고 있는 부산에 '동아시아 문화도시 부산'의 낭보가 찾아들었으면 하는 바람이다.

7) 국제결혼한 한국계 세계인의 한류 관심과 문화교류

한국문화 전공자인 임마누엘 페스트라이쉬 경희대 교수는 조선일보에 기고한 칼럼 "하버드대 흑인 여성이 생각하는 한류"(2013.6.6)에서 한국 어머니와 흑인 미국인 아버지 사이에 혼혈로 태어난 흑인여성의 한국 문화와 세계 한류 문화에 대한 관심과 이해를 소개하고 논평한다. 주인공 여성은 하버드대에서 공중보건을 공부하는 젊은 여성 마리아 릭스(Mariesa Lee Ricks)이다. 한국 혈통을 자랑스러워하는 이 혼혈 흑인 여성은 서울발 '왕따' 뉴스에 한국 조카 걱정을 하고 외세 침략을 겪은 어머니 나라의 과거와 미국 흑인 수난사에서 동질감을 느낀다. '한류'에 대해서는 정부 정책이 만든 게 아니라 새 삶과 문화의 진실한 흐름에서 나온다는 사실이 그녀의 해석이다.

2013년 2월, 나는 하버드대에서 공중보건을 공부하는 젊은 마리사 릭스(Mariesa Lee Ricks)에게서 뜻밖의 편지를 받았다. 그녀는 어머니가 한국인이며 한국 문화에 깊은 관심을 가졌고, 한류의 잠재력을 찾고 싶다고 얘기했다. 마침 얼마 후 미국 출장을 가게 돼 보스턴에서 그녀를 만났다. 나도 아내가 한국 사람이라 막연히 내 딸을 마음속에 그리며 약속 장소에 나갔다. 그러나 그녀는 내 딸 레이첼과 달리 흑인의 모습을 하고 있어 순간 당황했지만, 그녀는 그로 인해 결코 불쾌함이나 불안감을 내비치지 않았다. 그녀는 매우 차분하고 성숙한 여성이었으며 한눈에 그녀만의 단단한 자아를 갖추고 있음을 느낄 수 있었다.

이야기를 들어보니 나에게 편지를 보낸 이유는 한류에 대한 관심이 학문적인 면과 자신의 문화적 정체성에 대한 고민을 포함하는 것이고, 그녀가 겪었던 경험의 연장선에 있었다. 대화가 진행될수록 나는 마리사로부터 한류의 새로운 종(種)을 발견할 수 있었다.

그녀에게 한류란 가수 싸이의 유행을 훨씬 초월하는 그 무엇이었으며 자기 자신을 수용할 수 있는 그릇임과 동시에 세계의 다양성을 엿볼 수 있는 창이었다. 예전부터 한국은 아프리카계 혼혈인에 대해서는 불친절한 나라라고 알려져 있다. 그러나 지금 여기 내 눈앞에 있는 마리사로부터 나는 이런 인식이 산산이 조각나는 것을 느꼈다. 그것은 '우린 한국인'이라는 단일민족의 자부심으로 똘똘 뭉친 틀이 깨지는 광경이었다.

수시로 인터넷 등을 통해 한국 소식을 접한다는 마리사는 "한국 청소년들의 왕따나 자살 문제를 접할 때마다 마치 중학생인 제 조카가 실제 한국에서 그런 일을 겪고 있는 것처럼 느껴지곤 해요"라면서도 "그러나 한국은 지금 민족과 문화가 아주 다양해지고 있으며 과학기술의 발전과 문화의 역동성이 살아 숨 쉬는 곳이라는 것도 잘 알고 있어요"라고 말했다. 그래서 그녀는 한국이 어떻게 청소년 문제를 다루고 있는지, 그리고 한국의 역동성이 어디에서 왔는지를 배우고 싶어 했다. 한류는 그녀에게도 큰 관심사였다. 하지만 미국과 한국을 넘나들며 존재하는 한류, 마리사의 한류는 그저 자동차와 전자제품을 팔고 연예계에 유행을 일으키는 데서 그치는 것이 아니라, 새로운 삶의 형태와 문화를 창조할 수 있는 원동력이다.

그녀는 설명했다. "아버지의 가족이 어머니를 만나기 전에는 한국 문화를 전혀 접해보질 못했어요. 다행히도 어머니와 외할머니는 한국 문화를 알리는 데 열심이셨어요. 한국의 재미있는 이야기와 속담을 말해주거나 김치찌개를 만들어 주셨죠. 그래서 전 자연스럽게 새롭게 조화된 음식과 문화를 찾게 되었고, 그것이 제가 경험한 한류의 매력이에요." 동시에 그녀는 "미국식 개인주의의 가치는 저에게 스스로 흥미를 추구하고 위험을 감내하는 법을 알려 주었어요"라고 했다. 마리사는 미국과 한국 양쪽의 장점을 취할 줄 아는 지혜를 가진 사람이었다.

대화가 진행될수록 마리사는 그녀만의 해석으로 한류를 발전시켜 왔다는 것을 확인할 수 있었다. 그녀는 한국인과 흑인에게는 공통점이 많다는 것을 알게 되었다고 했다. 흑인들은 노예제도와 인종차별을, 한국인은 외세의 침략과 일제강점기를 겪었다. 그 고통이 그녀를 키운 원동력이었다. "그 고통 때문에 불굴의 정신과 공동체 의식이라는 공통분모가 두 집단 모두의 삶에 녹아 있어요. 그 공통점이 제 가족의 두 문화를 쉽게 섞이게 해 주었죠." 두 문화의 융합에서 그녀는 한국의 중요한 가치를 보게 된다. 그녀는 세상이 좁아질수록 한류는 다양한 세계 인구가 한국 문화의 이해를 통해 하나의 교집합을 찾을 수 있게 해 주는 장이 될 것이라고 했다.

대화를 마치면서 마리사는 강조했다. "끊임없는 도전으로 불가능의 벽을 넘으려고 시도할 때마다, 제 머릿속을 채우는 것은 우리 가족의 불굴의 정신이고, 제가 한국인 혈통이라는 것입니다. 미국에서는 저는 언제나 소수민족일 거예요. 그래서 특권을 받은 한 사람으로서, 소수민족이 평등과 기회를 얻기 위해 불가능의 벽을 깨는 것은 제가 마땅히 해야 할 일입니다. 저는 평등을 부르짖는 이들의 목소리가 되어 주고 싶습니다. 그들이 자기 생각을 잘 펼칠 수 있도록 말입니다."

오늘날 한류는 정부 정책이나 문화체육관광부의 의지로 만들어지고 있는 것이 아니다. 이 흐름은 비슷한 마음을 지닌 전 세계 사람들이 스스로 모여 만들어 낸 진실한 흐름이고, 이 흐름 속엔 전 세계 사람들의 한국 탐험에 대한 욕구가 들어 있다. 필자가 일본과 중국 문화에 대한 탐구를 거쳐 최종적으로 한국에 닻을 내린 것도 바로 그 때문이다.

8) 한국계 해외교포의 한국 정체성과 정책적 지원

오승연은 조선일보에 기고한 칼럼 "교포 2세 정체성 찾는 '한국 체험' 확대를"(2012.8.21)에서 한국계 해외 이민자의 한국 정체성 찾기 기회 확대를 국가적 차원에서 지원해주기를 희망하면서 다음과 같이 정책 제언을 한다.

> 대학교에서 교환학생들의 학교 및 한국 생활 적응을 돕는 동아리를 하며 재미교포 친구들을 만날 기회가 많다. 그들에게 한국어로 말을 걸어보면, "한국말 잘 못해요…" 하는 대답이 돌아오곤 한다. 교환학생으로 온 계기도 자신의 의지가 아니라 부모님의 권유 때문인 경우가 많았다. 처음에는 서운한 느낌마저 들었지만, 이들과 얘기를 나누다 보니 한국적 정체성에 소홀해진 이유도 나름 이해할 만했다.
>
> 비교적 다문화에 관대하다고 할 수 있는 미국에서도 이민자들이 자국의 정체성을 갖기를 원하는 것은 예외가 아니다. 미국 TV쇼 '서바이벌'의 우승자인 재미교포 권율씨가 느꼈다던 인종차별은 비단 그만이 겪은 것이 아닐 것이다. 어릴 적부터 다른 피부색 때문에 놀림 받아서 오히려 차별을 극복하기 위해 더 열심히 공부하고 운동하는 등 자신을 갈고 닦아야 했던 다양한 사연들을 들을 수 있었다. 단지 한국계라는 이유만으로 차별받아야 했으니, 동등한 미국인으로 대우받기 위해 더욱 미국적으로 사고하고 행동하며, 한국적인 정체성은 도외시하게 되었던 것이다.
>
> 하지만 한국에서의 경험이 그들의 말대로 가히 "인생의 전환점"이라고 할 만큼 큰 생각의 변화를 겪는 것을 여러 번 보았다. 한 친구는 "부모님은 큰 실수

를 하셨어. 이렇게 한국이 나랑 맞는데, 나는 미국이 아닌 한국에서 태어났어야 했다고!"라고 말하며, 처음과는 달리 한국에 대한 애정을 표현하게 되었다. 여태까지 미국에서 느끼던 자신의 '다름'이 한국에 와서는 당연한 것이 될 때 심적인 안정감을 느꼈다는 것이다. 또 한 친구는 자신을 같은 한국인으로 여겨주고 따뜻하게 챙겨주는 한국 사람들 덕분에 미국에 돌아가서도 더욱 힘을 낼 수 있겠다고도 했다. "성공해서 꼭 멋진 모습으로 돌아올 거야!"라는 다짐도 잊지 않았다.

한국 언론들이 성공한 한국계 이민자들을 다룬 기사를 보면 어김없이 그들이 '한국계'라는 점을 강조해 보도하곤 한다. 이를 볼 때마다 사회에 진출해 성공하고 난 뒤에 찾아가기보다, '한국계'로서 정체성의 혼란을 겪고 있을 청년기에 한국에 와 볼 기회를 더 많이 제공해 주었다면 얼마나 좋았을까 하는 생각이 든다. 지금까지는 주로 개인적인 선택에 의한 '한국행'이 이뤄졌지만, 앞으로는 그 기회가 보다 많은 이에게 주어질 수 있도록 국가적 차원에서 확대해 주길 바란다.

9) 가수 싸이의 '강남스타일'과 K팝 한류 현상

박재상은 조선일보 칼럼 "생각의 혁명이 만든 세계 1등 상품 '강남스타일'"(2012.9.6)에서 K팝 한류가 세계무대에 유발한 대중문화산업의 성공과 생각의 혁명에 대해 다음과 같이 논평한다.

35세 가수 싸이가 노래를 부르고 춤을 추는 댄스팝 뮤직비디오 '강남스타일'이 인터넷 무료 동영상 사이트인 유튜브에서 조회 건수 1억 건을 돌파, 5일 현재 1억600만 건에 육박했다. 마이클 잭슨, 레이디 가가 같은 세계적 톱스타들이 2~3년씩 걸렸던 기록을 유튜브 공개 52일 만에 초고속으로 달성했다. K팝을 대표한 소녀시대·원더걸스·슈퍼주니어 같은 스타들의 히트곡이 조회 수 5000만~8000만 수준이었던 것도 대단했지만 '강남스타일'은 단숨에 기록을 갈아치웠다. '강남스타일'은 음악 상거래 플랫폼인 아이튠스, 미국 대중음악 인기 순위인 빌보드차트에도 진입해 '소셜 50' 같은 특정부문에서는 1위에 올라 있다.

지금까지 한류(韓流)를 이끌어온 K팝은 10대 후반~20대 초반 남녀 가수들의 화려한 춤 동작으로 잘 만들어진(well-made) 세련미를 내세웠다. 그러나 매끈한 외모, 뛰어난 몸매, 화려한 춤 동작이라는 K팝 이미지에 익숙해진 한류 팬들에게 '강남스타일'은 뜻밖이었다. '강남스타일'은 대중문화산업에서도 고정관념을 뒤엎고 '생각의 혁명'을 이루면 세계 시장을 움직일 히트 상품을 만들어낼 수 있다는 것을 보여주었다.

'강남스타일'은 울퉁불퉁한 모습의 30대 아저씨가 뭔가 방정맞고 상스럽기까지 한 몸짓으로 자기 자신을 희화화했다. '강남스타일'은 인간 본성엔 고상하고 고급스러운 것을 추구하는 욕망과 더불어 쉽고 재미있는 것에 더 가까이 다가가려는 성정도 들어 있다는 점을 파고들었다. 제작진은 제작 과정에서 "개그 감각과 익살스러움 그리고 중독성을 높였다"고 설명했다. 싸이와 '강남스타일'에 관련된 트위터에는 '재밌다' '신기하다'는 글이 8억 개 이상 등장했다. 유튜브 조회 1억 건 가운데 북미·남미·유럽의 조회가 48%나 됐다. 그들에게 '강남'이라는 문화 코드는 생소했

> 겠지만 언어 장벽을 넘어서는 만국 공통 코드인 '신기'와 '재미'가 마음을 열게 했다. 강남스타일의 말춤 동작엔 종래의 K팝과는 달리 한국만의 토속적인 맛이 있다는 점도 성공 요인일 것이다.
>
> 싸이는 세계적인 메이저 음반사·기획사와 음반 발매와 매니지먼트 계약도 맺었다. '강남스타일'이 세계를 향한 한류 에너지로 이어지려면 제2·제3의 싸이가 또 다른 생각의 전환을 꿈꾸고 있어야 한다.

싸이의 '강남스타일'과 프랑스 파리 공연 한류 열풍

연합뉴스가 전하는 부산일보(2012.11.6)에 소개된 "싸이 '강남스타일'에 프랑스 파리도 흔들"이라는 기사는 에펠탑 맞은편 광장서 열린 플래시몹서 함께 '말춤'을 춘 2만 여 시민·관광객들이 가수 싸이를 직접 만날 수 있어 행복하다며 열광했다고 소개하면서 다음과 같이 싸이의 세계 한류 열풍을 전한다.

> 글로벌 가수 싸이가 '강남스타일'로 프랑스 파리를 뒤흔들며 유럽 공략의 시동을 걸었다. 싸이는 5일 오후(이하 현지시간) 파리 에펠탑 맞은 편의 트로카데로 광장에서 열린 '강남스타일 플래시몹'에 참석, 관객들과 함께 '말춤'을 추는 것으로 유럽에서의 공식 일정을 시작했다. 이번 플래시몹을 기획한 프랑스 라디오 음악채널 NRJ는 싸이의 팬과 파리시민, 관광객 등 2만여 명이 모였다고 집계했다.
>
> 이날 싸이의 일부 '골수 팬'들은 플래시몹 예정 시간보다 2시간 이상 먼저 트로카데로 광장에 도착해

싸이가 춤을 출 무대 앞줄부터 자리를 차지하기 시작했으며, 뒤이어 도착한 파리 시민들이 자리를 채우면서 트로카데로 광장을 가득 메웠다. 인파가 너무 많아 자리를 빽빽하게 채우는 바람에 플래시몹 참석자들은 '말춤'을 제대로 추지 못할 정도였다. NRJ의 인기 프로그램인 '세 코에'의 인기 앵커인 세바스티앙 코에의 소개로 당초 예정된 시간보다 40여 분 늦게 모습을 드러낸 싸이는 군중들에게 자신의 이름을 묻고 '말춤'을 출 줄 아는지 확인해야겠다며 분위기를 돋웠다. 이어 '강남스타일'이 시작되자 싸이는 백댄서 4명과 함께 관객들과 하나가 돼 '말춤'을 췄다.

싸이는 자신을 제대로 보지 못한 팬들을 위해서라며 무대 옆 계단으로 올라가 다시 한번 '강남스타일'을 불렀다. 싸이는 운집한 2만여 명의 팬들에게 거듭 고마움을 표시한 뒤 "내년 유럽 공연 때 가장 먼저 파리에서 콘서트를 열겠다"고 약속했다.

맨 앞에서 싸이를 보며 말춤을 춘 프랑수아즈 페이옹(19·대학생) 양은 "유튜브에서만 봐 오다가 이번에 직접 만날 수 있어 행복하다"며 "내년에 싸이의 콘서트가 열리면 꼭 관람할 것"이라고 말했다. 30대 중반인 파스칼 뒤플로(37 · 회사원) 씨는 "기분이 울적할 때는 싸이의 말춤으로 분위기를 전환한다"며, "싸이가 '강남스타일'과 같은 즐겁고 알기 쉬운 경쾌한 노래를 계속 히트시켜 오래가는 가수가 되길 바란다"고 말했다.

싸이 일행은 이날 오전 주최 측에서 보내준 전용기 편으로 미국에서 파리에 도착, 유럽 방문 일정을 시작했다. 싸이는 6일 오후 프랑스 언론 80여 곳을 상대로 기자회견을 한 뒤 영국으로 건너가 옥스퍼드 대

> 학생 강연과 현지 프로모션 일정을 진행하며 11일에는 독일 프랑크푸르트 MTV 뮤직 어워드 시상식에 참석한다.

싸이의 강남 스타일과 한류문화의 유머와 독창성에 대해서는 대중음악 평론가나 문화비평가들에 의해 여러 각도에서 논의되고 있다. 대중음악평론가인 송기철은 조선일보에 기고한 칼럼 "유머와 독창성으로 세계 석권한 '강남 스타일'"(2012.10.8)에서 싸이의 노래의 특징은 다른 음악에는 없는, 어디에서도 못 들어본 노래로서 국적을 넘어서 전 세계에서 폭발적 반응을 불러일으킨 힘과 충격을 주었다고 설명한다. 세계인에게 강력한 호소력으로 다가간 싸이의 한류문화의 의미와 동인에 대해 그는 다음과 같이 논평한다.

> 며칠 전 브라질에 있는 지인과 통화를 했다. 여러 얘기를 나누던 중 그는 싸이의 '강남스타일'에 대해 말했다. 그는 "한국 가수가 미국에서 안 되라는 법이 있느냐"면서 브라질 최고 스타 네이마르도 '2012 남미수퍼컵' 우승 세러모니로 '강남스타일' 말춤을 추었다는 소식을 전했다.
>
> 말 그대로 온 세상이 '싸이 월드'다. '강남스타일'은 대견하게 세계를 석권하고 있다. 가수 한 명에게 이 정도로 전 국민적 관심이 쏟아졌던 적도 없었다. 한국의 모든 언론이 '싸이어천가(御天歌)'를 외치고 있다. 그에 관한 모든 게 기사로 양산되고 있다. 인터넷에는 '싸이는 전생에 나라를 구한 인물이었을 것'이라는 주장까지 나오고 있다. 그가 구사하는 영어조차 고급스러워 보인다는 의견, 그의 출렁이는 뱃살이 꽃

미남 배우들의 식스 팩보다 멋있다는 의견도 있다. 저속한 말이었던 '쌈마이(삼류)'는 이제 우리 시대의 친근한 보통명사가 되었다. 이 정도면 난리도 보통 난리가 아니다.

12년 전 데뷔곡 '새'를 불렀을 때 싸이는 그의 말처럼 '쌈마이' 그 자체였다. 나를 당혹스럽게 했던 그의 새 춤은 김흥국의 '호랑나비' 이후 등장한 최강의 퍼포먼스 노래처럼 보였다. 솔직히 그때는 싸이가 이렇게 장수하리라고는 생각하지 않았다. 그래서인지 나는 싸이의 '강남 스타일' 쾌거가 두 가지 면에서 특히 통쾌하다.

첫째는 당연히 '세계시장 석권'이다. '강남스타일'의 메가히트는 크게 유머 코드와 독창성의 승리이다. 우선 코믹한 뮤직비디오는 가사가 영어가 아닌 한국어로 된 '강남스타일'의 약점을 완벽하게 보완했다. 음악적으로는 당대의 흐름인 일렉트로니카풍(風) 곡임에도 싸이 특유의 '날 것' 느낌과 어우러져 전 세계 팬들에게 상당히 싱싱한 음악으로 다가섰다. '강남 스타일'은 어디서도 들어보지 못한 노래라는 세계의 평가와 반응은 어쩐지 어디선가 들어본 듯한 요즘 가요들과는 큰 차이를 보인다. 결과론이지만 만약 싸이가 처음부터 세계시장을 겨냥하고 '강남 스타일'에 양념을 많이 가미했다면 이런 결과는 나오지 않았을 것이다. 싸이의 노래는 마치 공산품처럼 대량생산되는 최근 가요계의 풍토와는 정반대 지점에 서있다.

둘째는 '강남 스타일'의 세계적 히트가 한류(韓流)와 K팝의 허실(虛實)을 여과 없이 보여주었다는 점이다. 물론 그동안 기울인 많은 사람의 해외 진출 노력을 폄하하려는 것은 아니다. 다만 우리가 그동안 외쳤던 한류와 K팝 열풍이 과연 어느 정도였는지, 어디를 향하고 있었는지를 이번 쾌거가 선명하게 알려주었다는 점을 지적하고 싶을 뿐이다. '강남 스타일'은 한국 가수 싸이의 노래지만 전 세계 팬들에게 싸이의 국적은 그리 중요하지 않다. '강남 스타일'은 "감동과 유머는 국적과 언어를 초월한다"는 진리를 세계만방에 입증했다. 감동은 반드시 눈물을 흘릴 때만 느끼는 감정이 아니다. 무척 즐겁고 행복할 때도 감동은 생긴다. 그래서 더욱 통쾌하다.

싸이의 인기가 원 히트 원더(one hit wonder · 일회성 흥행 성공)로 끝난다 해도 아쉬워하거나 슬퍼할 필요는 없을 것 같다. '강남스타일'의 충격이 워낙 크기 때문이다. 그런데 원 히트 원더가 꼭 부정적인지 반문하고 싶다. 팝음악 역사를 보아도 원 히트 원더는 수없이 많았다. 하지만 싸이의 '강남스타일'이 대한민국 가수의 한국어 노래라는 점을 감안하면 그간의 원 히트 원더 노래들과는 급(級)이 다르다.

싸이는 분명 '있는 집' 자식인데 왜 그토록 자신을 쌈마이라고 주장할까? 그는 보통 쌈마이가 아니다. 싸이는 우리 시대가 낳은 '부르주아 쌈마이'다. 그의 가사처럼 뭘 좀 아는, 아니 많이 아는!

10) 'One - hit Wonder'를 넘어서는 싸이의 K - 팝

한현우는 조선일보에 기고한 칼럼 "비와 원더걸스가 실패한 미국에서 싸이가 성공한 까닭"(2012.9.27)에서, 가수 비의 공연이 눈물겨운 노력에도 미지근한 한번만의 히트에 그쳤을 뿐이지만 '울퉁불퉁 사나이' 싸이는 자신만의 음악을 개척한 뮤지션으로서 대박 K-팝 열풍은 이제부터 시작이라고 논평하면서 다음과 같은 '일회성 흥행 성공'(one hit wonder)을 넘어서는 기대와 전망을 내놓고 있다.

> 2006년 1월 뉴욕타임스 문화 섹션 1면을 한국 가수 비가 도배했을 때, 나는 뉴욕에서 연수중이었다. 그날 아침 신문을 펼쳐보고 깜짝 놀랐던 기억이 난다. 창간 160주년을 넘긴 그 신문의 문화면 프런트가 어떤 지면인지 잘 알기 때문이었다. 비의 인기가 그 정도인가 어리둥절했었다.
>
> 하지만 기사를 읽고 난 뒤엔 좀 의아했다. 비가 누구이고 그를 키운 박진영은 뭐라고 했는지 소개하는 내용이 전부였다. '그는 미국에서 처음 성공한 동양의 팝스타가 되고 싶어한다'고 신문은 썼다. '될 사람'이 아니라 '되고 싶은 사람'을 쓴 셈이었다. 비의 음악이 '미국 R&B보다 감각적이고 섬세하다'고 썼지만, 기자의 평가가 아니라 박진영의 말을 인용한 것이었다. 박진영이 비를 미국에 성공적으로 데뷔시키기 위해 노력한 흔적만은 역력했다.
>
> 이어 한국의 모든 언론은 '뉴욕타임스 대서특필'을 대서특필했다. 한국 대중음악계에서 월드스타가 탄생할 것 같았다. 뉴욕 한인타운 식당가에서 비의 공연 초대권을 손쉽게 구할 수 있었던 사실만 빼면 말이다.
>
> 그리고 며칠 뒤 공연이 열렸다. 한국 신문들은 '뉴욕이 비에 흠뻑 젖었다'며 극찬했다. 그런데 '믿었던' 뉴욕타임스의 공연 리뷰는 전혀 딴판이었다. 칭찬이라고는 거의 없는 기사였다.
>
> 그중에서도 특히 눈에 띄는 구절은 'He's a fine

dancer and a passable singer'라는 문장이었다. '뛰어난 댄서이자 괜찮은 가수'라고 읽으면 그만이었지만, 'passable'이란 단어가 생선가시처럼 걸렸다. 공연 리뷰에서 그런 표현을 본 일이 없기 때문이었다. 나는 이 기사를 당시 수업을 듣고 있던 뉴욕대 교수에게 보여주었다. 그는 '그 단어를 쓴 것은 심한 혹평을 점잖게 하고 싶다는 뜻'이라고 말했다.

박진영은 이후 원더걸스라는 카드를 들고 미국을 다시 한 번 공략했다. 이번에도 박진영의 노력은 눈물겨워서, 원더걸스의 음반을 여자아동복 매장 800여 곳에서 단돈 1달러에 파는 전략으로 '노바디'를 빌보드 차트 76위에 올려놓았다. 그게 전부였다. 그 뒤로 박진영이 미국에서 보내온 소식은 뉴욕에 고기집을 열었다는 뉴스 정도였다. 그리고 한참 뒤 'K-팝 열풍'이 불어 소녀시대가 미국과 유럽을 휩쓸었다는 소식에서도 '애국심'이란 조미료 맛이 강하게 났다.

그런데 싸이는 달랐다. 유튜브에서 유명해지기 시작할 때부터 "이번엔 진짜다"라는 말을 여러 번 들었다. 그것도 미국에서 음악을 공부하고 있거나 음악업계에 있는 사람들이 그렇게 말했다. 올해 서른다섯 살의 유부남, 잘생기지도 않았고 복근도 없는 쌍둥이 아빠가 불과 두 달 만에 '월드 스타'가 된 것이다.

아직 미국 음악평론가들은 싸이를 '원 히트 원더(One-hit Wonder · 한 곡만 히트시키고 사라진 사람)'로 몰아가고 싶어하는 것 같다. 그러나 싸이는 이미 빌보드차트 11위에 올라있다. "한 번만 올라도 삼대(三代)가 먹고 산다"는 빌보드 40위 내에서도 상위권인 것이다. 지금 추세로 보면 1위도 어렵지 않을 것 같다.

싸이가 미국 진출을 위해 한 일은 아무것도 없다. 음악을 만들고 뮤직비디오를 찍어 유튜브에 올린 것은 모두 '한국 팬들을 위한 것'이었다. 그런데 미국은 물론 전 세계가 말춤을 추며 그에게 다가오고 있다. 싸이의 성공 비결로 여러 가지를 꼽는다. 재미있고 신나는 음악과 춤, 그리고 유튜브라는 새로운 매체의 힘 등이다. 미국에 가자마자 'Dress classy, dance cheesy(옷은 제대로, 춤은 멋대로)'라는 유행어를 만들어 낸 그의 영어 실력도 한몫 단단히 했다. 그러나 가장 중요한 요인이 간과되고 있다.

그것은 싸이가 이전의 '한류 가수'들과는 달리, 연예인이기 이전에 자신만의 음악을 개척해 온 뮤지션이라는 점이다. 그는 기획자가 원하는 음악이 아니라 자신이 하고 싶은 음악을 해왔다. '강남스타일'에 가려진 노래 '청개구리'에 그런 마음이 잘 담겨있다. "살면서 가장 많이 들었던 말/ 너 그러다 뭐 될래/ 살면서 가장 많이 하고픈 말/ 내가 알아서 할게/…/그래 나 청개구리/ 그 누가 제아무리 뭐라 해도/ 나는 나야."

그간 우리는 공장 제품 같은 음악들에 한류라는 이름을 붙이고, 음악을 수출 효자 종목으로 취급해왔다. 한국의 유능한 음악기획자들은 연예인이 되고픈 10대들을 조련해 일단 가수로 데뷔시킨 뒤, 이런저런 프로그램에 내보내 연기력과 말솜씨를 테스트했다. 가수로서 인기가 떨어지면 바로 전업(轉業)시켜야 하기 때문이다. 그런 가수는 '만능 엔터테이너'로 둔갑했다.

미국 메이저 음악계를 노크한 한국 연예인들은 많았다. 싸이는 미국 문을 두드리지도 않았는데 그들이 와 달라고 아우성이다. 이제야 비로소 한국의 대중음악이 세계에 알려지기 시작했다. 진짜 'K-팝 열풍'은 이제 시작인지도 모른다.

11) 문화수출국과 한류문화의 한국적 가치

부산일보 논설위원인 박진수는 "문화수출국"(2012.8.2)이라는 제목의 논설을 통해 한류상품이 지니고 있는 한국적 문화의 가치를 강조 한다. 그는 한류상품의 수출 기조를 유지 확대시키는 데는 한류에 반드시 한국의 문화적 가치를 담지 않으면 안 된다며 문화수출국의 전망에 대해 다음과 같이 제언한다.

> 과거 신라나 백제를 비롯하여 조선왕조까지 중국과의 관계를 유지하는 데 많은 공을 들였다. 우선적으로 국가 안보와 직결된 문제여서 그렇겠지만 양국 간 접촉에 의한 문화적 교류 또한 무시할 수 없는 비중을 가진 것도 사실이다. 중국을 통해 수입된 불교가 국교로 자리 잡은 경우와 한자문화나 유교문화가 우리의 정신세계를 오랫동안 지배해 왔음도 자인하는 부분이다. 문화산업적 측면에서는 우리가 수입국이었던 셈이다.
>
> 반면 중국으로부터 들여온 문화를 일본으로 전달한 예는 문화수출국의 지위를 가졌음을 의미한다. 중국으로부터 수입한 문화를 그대로 일본으로 전달했다면 수입량과 수출량이 같은 단순 교역으로 볼 수 있다. 그런데 수입한 문물에 우리의 시각과 정신을 담아 일본으로 수출했다면 부가가치가 높아진다. 요즘 말로 문화가 고부가가치 산업으로 바뀌는 것이다.

지난 3월부터 5월까지 개인·문화·오락서비스 수지가 연속으로 흑자를 기록했다 한다. 1980년 한국은행이 관련 통계를 집계하기 시작한 이래 3개월 연속 흑자(3천10만 달러)를 기록한 것은 처음이다. 영화, 라디오·TV 프로그램, 음반 제작으로 해외에서 벌어들인 돈이 외국의 그것을 수입하는 데 들인 비용보다 많다는 것이다. 최근 인기몰이를 하고 있는 K팝 등 '한류의 힘'이다.

한류상품뿐 아니라 애니메이션 등 문화 관련 콘텐츠 경쟁력 역시 강세를 보이고 있다. 콘텐츠 수출은 문화적 공감대를 늘리는 2차적 효과가 크다. 지난 2001년부터 2011년까지 통관자료를 분석해 보면 문화상품 100달러 수출 시 휴대전화·컴퓨터 등 소비재 수출이 최대 412달러나 증가했다. '문화의 힘'이다.

문제는 이러한 수출 기조를 어떻게 유지 확대시키는가 하는 것이다. 외국의 그것과 차별되지 않는 콘텐츠라면 곤란하다. 한류엔 반드시 한국의 문화적 가치가 담겨 있어야 하는 이유다.

12) 다문화와 글로벌 경쟁력

건설협회 부산시회 회장이자 흥우건설 회장인 이철승은 국제신문에 기고한 칼럼, "다문화에 담긴 미래의 열쇠"(2012.11.28)에서 다문화 가정과 글로벌 경쟁력의 관계에 관심을 가지고 외래문화와 다문화에 대한 열린 마인드와 열린 정책의 실행을 강조한다.

일감 부족에 겹친 전문인력 감소와 일손이 부족한

건설 산업이 두 갈래의 위기를 맞고 있다. 거칠고 힘든 일을 싫어하는 '3D 기피' 세태에 신입 지원이 줄어 일부 대학에서는 토목학이나 건축학과의 명칭을 바꾸거나 아예 폐과를 하는 경우도 생겨났다. 패기 넘치는 후학들이 속속 배출되어야 현장에 활력이 살아날 터인데 인맥의 신진대사가 원활하지 못한 것이다.

건설 현장의 '인맥경화'는 15~64세에 이르는 생산가능인구의 격감에 기인한다. 한국은행은 최근 우리나라의 생산가능 인구 비중이 올해 73%를 정점으로 하락하기 시작해 2050년에는 50%대에 머물 것이라고 전망했다. 생산가능 인구 비중이 1%포인트 줄면 경제성장률은 5.2%포인트 하락한다는 분석도 내놨다. 인구 증가는 뒷걸음 추세인데 반해 우리나라에 유입되는 외국인의 숫자는 폭발적으로 늘고 있다. 행정안전부의 통계에 따르면 국내 체류 외국인이 올 1월말을 기준으로 140만 명을 넘어섰다. 이는 우리나라 전체 주민등록인구의 2.8%에 해당한다. 유엔은 인구부족 현상으로 한국이 2050년까지 1200만 명의 이민자를 받아들여 다문화 가족은 20%를 넘어설 것으로 추산했다.

양치기와 산적 무리들의 작은 씨족사회로 출발했던 로마를 패권국가로 성장시킨 가장 큰 힘은 다문화를 지향한 로마인들의 개방성이었다. 로마는 전쟁에 패한 부족국의 속주민에게도 시민권을 내주었다. 시민권을 얻은 속주민이 황제의 자리에 올라 로마를 더욱 융성하게 만드는 주역이 되기도 했다. 속국의 패자라 할지라도 로마라는 "공동체'를 지키는 데 협력하면 로마인과 동격이 될 자격이 충분하다고 생각했던 것이다. 아테네는 로마와 달랐다. 부모가 모두 아테네

시민으로 순혈이 아니면 시민으로 인정하지 않았다. 플라톤과 소크라테스, 심지어 아테네의 문화 수준 향상에 일생을 바친 아리스토텔레스마저도 아테네 시민권을 얻지 못했다. 아무리 아테네를 위해 헌신해도 혈통이 다른 이방인에 대해서는 평등한 권리를 인정하지 않았다. 아테네는 개방과 동화를 앞세운 로마제국에 패망했다.

근세기 들어 발전이 두드러진 아일랜드나 캐나다, 뉴질랜드, 호주와 같은 나라의 성장 비결 또한 예외없이 개방적인 다문화 정책에 있었다. 이들 국가는 이민을 통한 인구 유입으로 저출산의 위기에서 벗어나고 차세대 동력을 얻었다. 캐나다는 지금도 더 많은 이민자 유치를 위해 관련법을 다듬고, 아일랜드는 시민권이 없는 외국인에게도 투표권과 지방 공무원 선거 출마권을 허용하는 등 다문화 정책 개발을 멈추지 않고 있다. 벽안의 귀화인이 공기업 CEO가 되고 결혼이민 여성의 첫 국회 진출이 있었지만 다문화에 대한 우리 사회의 인식이나 정책 현실은 아직 요원해 보인다. 한국에 온 이방인들이 가장 힘들어 하는 것은 차별이다. 민족이나 혈통이 다른 이질적 문화에 대한 거부감은 순혈주의를 추구해온 관습과 민족성에서 비롯된 듯하다.

사실 우리는 단일민족과 단일 언어를 최상의 전통이자 불변의 정체성으로 숭앙해 왔다. 세상에 유일한 민족, 하나뿐인 언어에 대한 자긍심이 어떤 위기 상황도 거뜬히 극복하는 원동력으로 작용해왔던 점을 부정할 수 없다. 하지만 남녀의 유별, 문무의 차등, 반상과 서얼의 차별로 여러 방면에 종합적인 리더십과 교양을 갖춘 지도자나 전문가의 양성을 가로막았던 과거의 폐습으로부터, 다른 것을 틀린 것으로 간주하는 문화적 편견, 가치관의 차이를 쉽게 인정하지 않는 폐쇄적 민족성에 이르기까지 융성을 더디게 했던 순혈주의의 폐단을 짚어보기도 그리 어렵지 않다.

로마처럼 역사적으로 강성했던 나라들은 외래문화를 받아들이는 데 주저하거나 인색하지 않았다. 그들은 자국의 고유문화 위에 다양한 외래문화를 융합함으로써 더욱 찬란한 문화를 꽃피웠다. 유색인으로서는 최초로 미국 대통령에 당선됐던 버락 오바마의 재선은 우리가 지향해야 할 바람직한 다문화의 완결판을 보여주는 듯하다.

이제 다문화와 공존하는 열린사회가 아니고서는 생존해나가기 어렵다. 단일민족이라는 텃새증후군을 떨쳐내지 못하고 해일처럼 밀려드는 다문화에 적극적으로 대비하지 않는다면 우리는 글로벌 경쟁에서 뒤처지고 말 것이다.

21세기는 문화적, 사회적, 인적, 물적인 제반 인프라에서 이미 '지구촌'(global village)으로 정착된 시대를 살아가고 있음을 매일 일상적으로 실감하도록 한다. 앞에서 여러 지식인들과 문화비평가들이 역설하고 제언한 바처럼, 우리 한국인들은 인종과 문화에 대한 전통적인 편협한 순혈주의를 뛰어넘어 국제교류와 문화 간 소통의 장에서 한층 원숙한 창조적 마인드와 비전을 가지고 제3의 새로운 문화의 창조를 향해 실천적인 노력을 배가해야 할 필요가 있다.

한국인들이 지구촌 사람들에게 경이롭고 창조적인 문화로써 놀라운 감동을 줄 수 있고 그들의 삶에 기여할 수 있으려면 타국의 문화와 타자에 대한 열린 마음자세와 개방적인 가치관이 더욱 더 필수적이다. 아울러 전통문화와 외국문화의 창조적 융합을 끊임없이 시도하는 도전적이고 실험적인 태도 또한 절실하다. 오늘날의 글로벌 경쟁 시대에서 자아 중심적인 태도와 사고에 갇혀있다면 낙오자가 되고 패배자로 남을 자는 다름 아닌 우리 자신일 뿐이기 때문이다.

5

영문학 작품에 나타난 문화 간 소통의 문제들

이 장에서 다룰 내용은 이제까지 앞에서 논의되었던 문화 간 교류와 소통의 여러 문제들을 영문학 작품(소설)에서 어떻게 재현되고 있는지를 살펴보는 것이다. 먼저 문화 간 소통의 문제를 이해하고 효과적으로 대응하기 위한 영문학 작품의 활용 방법을 알아보고, 다른 인종 사이의 남녀 간 사랑 이야기, 그리고 영국인과 인도인의 문화적 인종적 차이와 차별의 문제, 영국 제국주의와 국제결혼, 미국 내 한국 이민자들의 삶에 나타난 문화적 차이와 차별 등에 관한 내용을 알아본다. 이를 위한 작품으로는 섬머셋 모음(Somerset Maugham)의 『붉은 얼굴의 사나이』(*Red*), 로렌스(D.H. Lawrence)의 『무지개』(*The Rainbow*), 포스터(E.M. Forster)의 『인도로 가는 길』(*A Passage to India*), Chang-Rae Lee의 『네이티브 스피커』(*Native Speaker*)를 선택하였다.

1) 문화 간 소통의 문제를 위한 영문학 작품의 활용

제2언어나 외국어로서의 영어를 배우는 주된 목적의 하나는 구두 커뮤니케이션(oral communication) 능력을 습득하는 것이다. 영어 사용 문화권에서 이러한 목표를 이루어내는 효과적인 의사소통자(effective communicator)가 되려면 서로 다른 문화는 그 기저에 가치와 가정, 신념, 집단 간 태도 등에 차이가 있을 수 있기 때문에 이에 대한 심층구조를 이해하는 지식이 있어야 한다. 이것은 단순한 언어적 기술을 넘어서 참된 영어 능통자가 되는 데 필요한 중요사항이다. 문화 간 의사소통의 유용한 훈련이 될 수 있는 자료로서 영문학 작품 텍스트를 활용할 수 있는 것이다. 이를 위해 언어적, 문화적 기준을 적절하게 설정하여 영문학 작품을 잘 선택한다면 유익한 정보와 지식을 통해 문화 간 차이를 읽어내고, 문화적 맥락과 비교문화적인 이해를 도모할 수 있다(이에 대해서는 William F. Marquardt, "Literature and Cross-Cultural Communication," *English Teaching Forum Vol. xiii Nos. 3 & 4*, 1975. pp.185-87 참조). 이러한 영문학 작품에서 자국문화와 타문화를 비교할 수 있고, 두 문화의 차이로 인해 발생되는 문화적 차별, 갈등, 분쟁 등을 살펴볼 수 있으며, 두 문화 간의 소통에 개입되는 요인과 문제의 해결을 위한 방안을 모색해 볼 수도 있다.

이와 같이 영문학 작품을 통한 두 문화 간 소통의 문제를 다루면서 유능한 문화 간 소통지자가 되도록 하는 데 도움이 될 방안을 제시한 논문으로, 이일연 · 김혜진이 공동으로 연구한 "문학텍스트에 나타난 문화비교와 영어 학습전략"(한국비교문학회, 『비교문학 제60집』. 2013년 6월)을 들 수 있다. 이 논문은 영어 학습법 측면에서 문학텍스트가 가지고 있는 문화적 측면과 총체적 언어교육의 가능성을 실현하는 시도의 일환을 보여주는데, 비교문화학적 관점에서 영상물을 적극 활용하고, 역할극이나 텍스트의 재구성 등에 의한 학습자 반응 중심의 언어활동을 적극 이용할 것을 제안한다.

두 문화 간의 이해와 소통을 학습목표로 삼는 교실 수업에서 외국 문학작품을 비교문화론적으로 읽는 방법으로서 길란 라잘(Gillian Lazar, 1993)은 아래와 같은 방법을 제안한다. 먼저 그는 다음과 같은 과제(task)를 학생들에게 부여하라고 말한다(*Literature and Language Teaching: A guide for teachers and trainers* p.65).

① In the text you have read are there any cultural references that puzzle you, or which do not seem clear? Are there any sections of the text where you felt understood individual words, but not their 'meaning'? Jot down some notes or underline those sections of the text where you felt this was a problem.

② How would you describe your responses when reading the texts? What kinds of feelings did you have while reading?

③ Can you guess what society is being described in the text?

이제 교사는 학생들에게 그들 자신의 사회에 관해 머리를 짜내어 아이디어들을 떠올려보게 하고(brainstorming activity), 그러고 나서 작품에 나오는 사회의 문화적인 사항들과 상호적으로 비교하는 과제를 부여한다. 여기서 교실에서 공부하는 작품은 발췌문을 학생들에게 제시한다. 작품 『브리데쉐드 재방문』(*Brideshead Revisited*)을 읽는 수업에서 제시한 예를 들면 다음과 같다:

① Think about a celebration or festival held by students in your country. Then fill in the column of the following chart.

	Your country	Oxford (in the text)
Name of festival/Celebration		
Reason for holding it		
Where festival/celebration held		
Way in which it is celebrated		

② Now read the extract from *Brideshead Revisited* and complete the second column in the chart. What similarities or differences do you notice between the celebrations or traditions described in the two columns?

③ In your country are there any particular beliefs or superstitions relating to the moon? Write them down and then discuss them with your partner. (위 같은 책. p.68)

한편 영문학 작품에서 작가에 의해 서술되고 있는 제 1차 세계대전 후 미국에서 일어났던 미국화와 다문화주의에 관련된 쟁점이 뜨거웠는데 이에 대해 잠시 알아보자. 다음 글은 이러한 문제에 초점을 두고 캐더(Willa Cather)의 소설 『나의 안토니아』(*My Antonia*)를 고찰한 것이다. 한미야가 쓴 논문, "미국화와 다문화주의 - 『나의 안토니아』 : 다문화적 미국에의 전망"(현대영미소설 제19권 2호. 2012)에서 부분적으로 추출하여 재정리했다.

제1차 세계 대전의 여파로 미국 사회는 급격하게 변화하고 있었다. 이러한 미국의 사회상을 적극적으로 반영하고 있는 작품으로 1918년에 발표된 캐더(Willa Cather)의 『나의 안토니아』(*My Antonia*)가 있다. 국가 간의 무력충돌로 인하여 미국 내에서 애국적 정서가 고조되었고 사회 분위기는 더욱 폐쇄적으로 내달았다. 미국 정부는 공공의 영역에서 외국어를 규제하고, 이민자를 제한하는 법률을 통과시켰다. 이러한 사회적 상황에서 미국의 다문화적 유토피아(multicultural utopia)의 전망은 제동이 걸렸다(Reynolds 73). 『나의 안토니아』는 이러한 사회상을 반영하듯 폐쇄적이고 독선적인 미국 사회를 비판하고 이를 극복할 대안적 전망으로 다문화적 사회의 가능성을 모색한다.

이 소설은 주류에서 소외된 사회적 약자인 이민자에 대한 작가의 휴머니즘의 소산이며, 다양한 가치가 동등하게 존중되는 사회에 대한 이상을 드러낸다. 캐더는 이 작품에서 당대 미국 사회의 주요 관심사였던 이민자의 사회적 적응과 정착의 문제를 다채롭게 형상화하면서 미국이 나아가야 할 방향을 제시했다는 스스로의 믿음을 반영시킨다. 캐더는 미국 정부가 미국 내 이민자 그룹에 대하여 규범 문화에의 일방적인 동화를 강요하는 데 반대한다. 그의 생각에는 이민자 그룹의 독자적인 삶과 이민자들의 고유문화는 존중돼야 한다는 것이다. 당시 다문화주의가 중요한 사회문제로 부각된 데는 이민자들의 급격한 증가가 있다. 미국문화의 성격에 대한 논쟁이 본격화된 상황에서 미국이 맞닥뜨린 문제는 다음과 같은 것이었다. "이민자들을 미국문화에 적응시킬 것인가? 아니면 다문화 인구(multicultural populations)를 맞이한 시점에서 미국의 국가적 정체성을 새롭게 정의할 것인가?"(Reynolds 75).

이와 함께 다문화와 국가 정체성 논의의 중심에는 '영어교육'의 문제가 놓여 있었다. 당대에 영어는 미국화 논쟁을 상징하는 중심이 되었다. '미국화'를 주장하는 사람들은 '미국식

영어'(American English)가 미국의 이상을 가르치고 미국 시민들을 육성하는 수단이 되어야 한다고 주장하였다(Reynolds, p.74). 1919년 멘켄(H.L. Menken)은 『미국언어』(*The American Language*)의 초판을 출판했고, 1925년 잡지인 『미국말』(*American Speech*)이 창간되었다. 이처럼 고유한 '미국 영어'를 강조하는 작업을 통해 미국인들은 미국 영어의 독자성을 부각시키면서 순수한 미국적인 정체성이라는 이데올로기를 더욱 강화시켰다. 레놀즈에 따르면, 당시 학자들은 영어 교육의 중요성을 강조하였고, 영어를 가르치는 것은 다양한 민족 출신의 이민자들 사이에 친숙한 느낌을 갖게 하고, 시민의식의 기본을 가르칠 수 있으며, 도시에서 불필요한 차별을 없애고 이민자들이 원하는 직업을 가질 수 있게 한다고 주장하였다(p.75).

이와 같은 '영어 교육에 대한 강조' 논의는 또 다른 논란을 가져왔다. 영어교육의 주체가 연방정부가 되어야 할 것인가 아니면 주정부가 되어야 할 것인가의 문제나 이민자가 이전에 사용했던 언어와 문화가 신세계에 얼마나 기여를 할 수 있는가의 문제들이 그런 것이다. 집이나 교회에서 이중언어 문화를 금지하는 것은 사실상 불가능한 것이었지만 미국 사회 전체를 두고 볼 때 이처럼 이중언어를 사용하는 문화가 바람직한 것인가의 문제도 논의의 대상이 되었다. 이중 언어 정책이나 다문화 정책 문제를 두고 동화 문제에 대해 '강경한 입장'과 '관용적인 입장'으로 나누어졌다(Reynolds, p.76). 강경한 입장에 서 있던 사람들은 이민자들이 확실하게 이전의 구세계 문화를 버릴 것을 요구했다. 이민자들을 신속하고 강력하게 미국화시켜야 한다는 진영의 주장은 제 1차 세계대전을 겪으면서 더욱 목소리가 높아졌다. 미국문화의 순수성을 옹호하고 타문화가 미국문화의 질을 떨어뜨릴 것이라고 생각한 진영의 사람들은 이민자들을 미국화시키는 것도 완전할 수 없기 때문에 계속되는 이민자들의 유입이 결국 미국의 민주주의를 위협할 것이라고까지 주장했다. 반면에 관용적인 태도로 이민자들을 미국화시켜야 한다고 생각한 진영의 사람들은 유럽의 문화가 미국 문화를 더욱 풍요롭게 만들 것이라고 지적하였으며, 이민자들의 고유문화를 옹호하였다. 이들은 다원주의(pluralism)가 미국 문화를 강하고 다채롭게 만들 것이라고 생각했다. 이러한 입장에 선 사람들은 민족의 다양성이 미국 정체성의 바탕을 이루고 있고, 이와 같은 다문화성으로 인해 미국의 정체성은 다른 어떤 국가에서도 볼 수 없는 독특한 성격을 띤다고 밝혔다. 이들은 이민자들이 가지고 온 구세계의 유산을 적절히 수용함으로써 독특한 신세계 문화가 창조될 수 있다고 생각하였다. 미국사회에서 다양한 이민자 문화가 가질 수 있는 긍정적인 의미를 강조한 사회학자 아로노비치(Carol Aronovici)는 1920년 발표한 「미국화: 그 의미와 기능」("Americanization: Its meaning and Function")에서 인종의 혼합과 인종 간 동화가 더 이상 일어나지 않게 되면 인류의 진보가 멈춘다고 주장하면서, 미국에서도 이민자들의 동화가 중요하다는 점을 역설하였다. 그는 민주국가에서 일어나는 사회적이고 민족적인 응집의 통합 과정이 당대의 이질적인 민족 집단들을 하나의 위대한 국민으로 다시 태어나게 하며, 이민자들의 문화가 미국문화의 발전에 커다란 기폭제가 될 것이라고 주장하였다(pp.695-730). 이는 '이민자의 나라'인 미국의 발전 가능성과 미국이 다양한 이민자 집단을 받아들임으로써 갖게 될 강력한 힘을 예고하는 것이었다.

'미국화'에 대한 다양한 논의는 『나의 안토니아』에 내포된 사회적 비전의 밑바탕을 이룬다. '구세계에서의 이민', '개척 마을에의 정착', '영어 배우기', 그리고 '구세계에 대한 기억'과 같은 미국화의 주요 주제는 이 소설의 주된 관심사와 일치한다. 캐더는 당시 강경한 미국화, 애국주의를 강조하는 사람들에 대해 매우 비판적이었다. 다음은 미국 사회의 미국화 강요에 대한 캐더의 비판적인 생각을 담고 있다.

> 그들은 구세계의 방식대로 살기 위해 이곳에 왔어요. 그리고 만약 그들이 간섭받지 않는다면 그들의 삶은 그들 고국에서의 아름다운 삶의 방식대로 이루어졌을 거예요. 하지만 사람들은 그들을 가만 놔두지 않았어요. 사회복지사나 선교사들은 그들을 귀찮게 따라다니며 그들의 온 시간을 이민자들을 바보 같은 미국 시민 복제품으로 만들기 위해 바치지요. 모든 것을, 모든 사람들을 미국화하려는 열정은 치명적인 병이에요. 우리는 집을 지어대듯이 이런 일을 하죠.

> They have come here to live in the sense that they lived in the Old World, and if they were let alone, their lives might turn into the beautiful ways of their homeland. But they are not let alone, social workers, missionaries - call them what you will - go after them, hound them, pursue them and devote their days and nights toward the great task of turning them into stupid replicas of smug American Citizens. This passion for Americanizing everything everybody is a deadly disease with us. We do it the way we build houses. (Bohlke, pp.71-72)

캐더가 이처럼 미국화 문제에 특별히 관심을 갖고 비판적인 입장을 취한 데에는 여러 가지 이유가 있었다. 우선 미국화의 문제가 당시 네브라스카에서 가장 중요한 사회적 이슈였다는 점이다. 1910년 인구조사 자료에 따르면, 네브라스카에 원래 살고 있던 인구는 30만이고 구세계에서 이주한 외국인이 90만이었다(Reynolds, p.80). 이와 같은 대규모의 이민자 유입으로 주정부는 학교에서 영어교육의 문제를 심각하게 고려하기 시작했고, 소설이 발표된 지 한 해가 지난 후인 1919년, 네브라스카 주정부는 외국어 교육을 금지시켰다. 네브라스카는 비교적 늦은 시기인 1867년에 주로 인정받았으나 엄청난 이민자들의 유입으로 역설적이게도 미국 정체성의 중심이 되는 이슈가 가장 치열하게 논의되는 장이 되었다.

그러면 이제는 아래에서 네 편의 영미소설을 대표적인 예시로 삼아서 두 문화 간 소통의 문제와 관련되는 문화적 인종적 차이, 차별, 갈등, 분쟁 등에 대해 살펴보도록 하자. 작품들로는 앞에서 언급했던 모음(Somerset Maugham)의 단편소설 『붉은 얼굴의 사나이』(*Red*), 로렌스(D.H. Lawrence)의 장편소설 『무지개』(*The Rainbow*), 포스터(E.M. Foster)의 장편소설 『인도로 가는 길』(*A Passage to India*), 그리고 재미교포 작가인 이창래의 장편소설 『네이티브 스피커/영원한 이방인』(*Native Speaker*)이다. 이들 작품에서 문화 간 커뮤니케이션에 내포된 여러 가지 문제들에 대한 이해를 얻기 위해서는 교사와 학생들은 중요한 대목이 내포된 텍스트를 발췌하여 분석적, 비판적인 접근법으로 읽을 것을 권장하는 바이다.

2) 남태평양 섬의 다른 인종 간 남녀 사랑 이야기

- Somerset Maugham, 『붉은 얼굴의 사나이』(*Red*)

먼저 작품의 내용에 대해 요약(summary)을 제시하고 작가와 작품에 대해 간단한 정보를 알아본다.

Apart from the disparate attitudes represented by Neilson and Red, the story underlines the prominent place that irony plays in human life - a theme that Maugham emphasizes in many of his works. The crowning irony is that the sensitive European, who loved in vain, is telling the story of a beautiful love affair to the very man who cast the love aside.

Further, Sally and Red do not even really notice each other after the lapse of years, even though they once were intensely in love, which compounds the sadness and the sense of fruitlessness and despair that assails Neilson. This profoundly romantic man had been overpowered by his notion of idyllic love personified in the romance between Sally and Red. But his attempt to live in such a delightful atmosphere fails; and his sense of loss only suffers the more from his discovery that the man he has met at the harbour in the beginning is Red before him now.

얼굴이 붉은 사나이 레드(Red)가 해안에 도착하여 넬슨(Neilson)과 얘기할 때 "I had kind of a white skin myself"라고 하여 선장이 바로 레드라는 나중의 폭로로 나타나는 사전 근거를 제시하고 있다. 환상적인 사랑과 실제적인 사랑은 그 거리가 얼마나 먼가를 보여주기 위하여 레드와 원주민 처녀인 샐리(Sally) 사이의 실제 사랑이 넬슨의 머리에서 재생되는 환상적인 사랑으로 묘사되는데 이러한 설정의 기교는 이른바 "surprise ending"이라고 한다.

This story employs the device of a surprise ending - the ending which reveals an unexpected turn in events and produces some sort of shock in the reader.

> We find here a considerable amount of sentimentaliz -ing. This seems to come from the excessive emotional response in the narrative part which is hardly anything but a mere description. To evoke a certain mood to exaggerate the romance and passion of love, the author dwells upon the atmosphere of story - the South Seas and their exotic settings. And the trouble is that too much preliminary descriptions is used in creating the particular atmosphere. In relation with this atmospheric element we also cannot overlook an excessive amount of philosophizing.

다음은 작가와 작품에 대해 추가적인 안내 정보를 소개한다. 모음(William Somerset Maugham)은 1874년 1월 25일 프랑스에서 태어났으며 1965년 12월 16일에 서거했다. 하이델베르크대학교에서 철학 학사를 취득했으며, 1917년 프랑스 정보기관에 근무했다. 영국의 소설가·극작가로 활동했다. 처음에는 의학을 공부했으나 뒤에 문학으로 전향하였다. 『크래독 부인』(*Mrs. Craddock* 1902)과 같은 소설과 『명예로운 사람』(*A Man of Honour* 1903), 『프레드릭 부인』(*Lady Frederick* 1907) 등의 극작품을 발표하고, 제1차 대전 전후에 자전적 소설 『인간의 굴레』(*Of Human Bondage* 1915), 『달과 6펜스』(*The Moon and Six Pence* 1919) 등을 발표하여 명성을 얻기 시작하였다. 동양의 신비에 대한 강한 동경심을 나타내며 예리한 인생관을 강력하고 명석한 문체로 묘사하였다. 특히 기지와 해학이 넘치는 풍습 희극의 전통을 세웠고, 작품은 대중적이었다. 제2차 대전에 참전하여 고초를 겪었고 1940년에 도미(渡美)하였으며, 1957년 노벨문학상을 수상했다.

모음은 1차 세계대전이 발발하자 곧 적십자 야전병원부대를 지원하여 프랑스 전선에 나갔다가 그 후 정보부에 근무하면서 스페인, 프랑스, 러시아 등에서 비밀첩보기관원으로서 정보활동을 하던 중에 건강을 해쳐 그 후 몇 번이나 타이티섬(Tahiti)을 비롯하여 남태평양(South Seas)과 극동으로 동경의 여행을 했다. 그리하여 남태평양 바다의 매력의 포로가 되었다.

이 여행의 결과, 모음은 남태평양 바다를 배경으로 거기에 살고 있는 백인을 다루어 원시와 문명을 대비시키면서 아낌없이 인간성을 파고드는 우수한 단편을 남겼다. 『붉은 얼굴의 사나이』(*Red*)는 이러한 작품에 속한다. 작중 주인공 넬슨은 인테리 지식인이며, 감상주의(sentimentalism)와 관념의 베일만을 통해서만 현실을 바라보고, 현실도피적인 환상에 도취된 채 살아간다. 넬슨은 현대문명의 사회제도에서 도피하여 남태평양의 고도(孤島)에 정착하여 살아가면서 현실에서 유리된 관념과 감상적 낭만주의에 의해 만들어진 환상에 의해 그 귀중한 생애를 낭비해버린다. 결말 부분에는 그의 이러한 삶이 초래하는 아이러니가 나타난다. 이 단편은 이러한 현대 지식인을 풍자하고 있다. 모옴은 남태평양의 섬들을 편력하면서 거기에 살고 있는 백인들의 생활을 소재로 하여 현대의 인테리 지식인에 대한 여러 풍자적 단편을 썼다.

3) 영국인과 인도인의 문화적, 인종적 차이와 소통 문제

- E.M. Foster, 『인도로 가는 길』((*A Passage to India*))

Edward Morgan Forster(1879-1970)의 『인도로 가는 길』(*A Passage to India*)의 초판 발행은 1924년에 이루어졌다(출판사는 런던의 E. Arnold & Co.). 이 소설은 영국 지배하에 있던

인도의 갠지스 강 언덕을 무대로 하여, 인도인과 영국인과의 인종적 대립을 묘사하고 있다. 영국 지식층의 사상을 대변한 것으로서, 작가가 2년 동안 인도에 머물면서 체험한 사실에 바탕을 두었다. 작가의 문명론에 의해 쓴 것으로서 인종 문제를 사상소설로까지 승화시켰다고 평가된다.

포스터는 1912년 처음으로 인도를 방문하였는데 이전에 영국에서 라틴어 개인지도를 하였던 인도인 세이드 로스 마수드(Syed Ross Masood)를 만나 함께 여행하면서 인도문화에 대한 지식을 얻게 된다. 이때 그는 인도에 있는 영국 식민관리들의 혐오스러운 행위들을 목격하게 되며, 이 인도 방문 여행 직후 인도를 주제로 하는 소설을 구상하고 집필하게 된다. 이후 1921년에 포스터는 인도에 두 번째 방문을 하여 6개월간 인도에 체류하게 된다. 이 기간 동안 그는 인도 내의 정치, 사회, 문화 등을 면밀히 관찰할 수 있었으며, 그러한 견문을 바탕으로 일차 방문에서 시작하였던 인도를 주제로 하는 소설의 집필을 다시 시작하여 마침내 마지막으로 1924년에 그의 소설 작품으로서는 마지막으로 『인도로 가는 길』(*A Passage to India*)을 출간하였다. 이 작품이 발표되자 당시 영국의 인도 식민지 관리들과 일부 영국의 독자들은 이 소설이 반영국적인 소설이라 하여 물의를 일으킨 바 있다. 하지만 포스터 자신은 이 작품을 통해 당시의 정치적 문제를 다룬 것이 아니라 철학적이며 시적인 제재를 생각하고 쓴 작품이라고 변호하고 있다. 하지만 이 작품에는 식민제국주의, 인종과 문화 차별주의 등의 지배문화 위주의 언술이 스며들어 있다. 이와 같은 관점에서 제국주의적 지배언술을 분석할 필요가 있는 것이다. 영국과 유럽을 세계의 중심으로 간주하고 여타 지역을 변방 혹은 야만으로 간주하는 소위 영국중심주의, 혹은 유럽중심주의적 상황에서 피식민지에 대한 본국의 우위,

변방적인 것에 대한 중앙적인 것의 특권을 드러낸다. 영국이나 유럽이 세계의 중심이고 그에 비해 아프리카, 아시아, 인도 등은 변방이 되며, 이들 지역은 문화적 야만과 미숙, 혼돈의 지역으로 간주하여 차별하는 것이다(이에 대해서는 김여훈 논문, '*A passage to India*에 관한 소고,' 동의공업대학논문집 제25집. 1999.12. pp.747-49 참조).

이 소설에서 인도인에 대한 인종적 문화적 차별주의가 나타나는 줄거리를 간략하게 살펴본다. 아이를 셋을 낳고 상처한 외로운 인도인 의사 아지즈는 어느 날 저녁 친구들과 식사를 하던 도중 병원으로 오라는 전갈을 받는다. 그가 거만한 영국인 의사 캘린다 밑에서 일하는 병원이었다. 그러나 정작 캘린다는 아무런 메시지도 남기지 않은 채 퇴근하고 없었다. 그가 다시 택시를 타려 하자, 영국인 두 사람이 그에게 한마디 말도 없이 빼앗아 타고 만다. 영국인들이 인도인을 대하는 전형적인 무례한 행동에 화가 난 그는 마음을 진정시키기 위해 이슬람교 사원에 들어간다. 그곳에서 영국인 여자 하나를 발견한 그는 그녀가 신발을 벗지 않았으려니 하고 소리를 친다. 그러나 그 영국 여자 무어 부인은 이슬람교의 관습을 잘 알고 있었고 인도의 종교와 문화에 대해 호의를 가졌기 때문에 맨발로 사원에 들어왔었다. 그 사실을 안 아지즈는 기분이 좋아 그녀와 이야기를 나눈다.

중년 부인 치고도 나이가 많은 무어 부인은 아들 로니 히슬롭이 재판관으로 있는 조그맣고 먼지투성이 도시인 찬드라포어로 온 것이다. 그녀는 영국 식민지 대부분에 알려진 표면적 인도가 아닌 진짜 인도를 볼 결심을 하고 있었다. 그녀의 말을 받아들인 클럽 회원 한 사람이 아델라에게 영국인과 인도인의 화합과 우정을 위해 브리지 파티를 열자고 제의한다.

그러나 그 브리지 파티는 실패였다. 아델라를 빼놓고 모든 영국인이 높은 자리에서 인도인들을 무시하고 경멸하는 태도를 취했기 때문이다. 아지즈는 초청도 거절했다. 파티에서 애딜라는 공립학교 교장이며 찬드라포어에서 인도인들을 진정으로 동정하는 몇 안 되는 영국인 가운데 한 사람인 필딩 씨를 만난다.

그는 아델라와 무어 부인에게 자기 집에 차를 마시러 가자고 청한다. 그리고 참된 인도인이자 이슬람교도인 아지즈와 힌두교도인 고드볼 교수를 초대한다. 필딩과 아지즈는 곧 서로 좋아하게 된다. 좋은 분위기 속에 한창 대화가 무르익을 즈음, 아델라와 어머니를 폴로 경기장으로 데리고 가기 위해 히슬롭이 나타난다. 원주민과 사교 관계를 맺지 말라는 로니의 엄중한 권고를 무시하고, 아델라는 아지즈가 자기와 무어 부인에게 유명한 마라바 동굴에 가보자는 초청을 받아들인다. 아지즈 자신도 그 동굴을 본 적이 없으나 무어 부인에게 인도 자랑을 하고 싶었고 보여주고 싶었던 것이다.

그러나 처음부터 그 탐험대는 곤란을 겪는다. 함께 가기로 했던 필딩과 고드볼이 기차를 놓쳐 뒤에 처진 것이다. 동굴 하나를 보고, 무어 부인은 몸이 편찮아 더 돌아보지 않겠다고 했다. 무어 부인이 밖에 있는 바위에 앉아 있는 동안 아델라와 아지즈는 다른 동굴들을 돌아본다. 잠시 동안 그들은 따로 떨어진다. 그러자 그는 아델라가 히스테리컬하게 언덕을 내려가 친구 테렉의 자동차에 타는 것을 본다. 테렉 양의 차에 타고 왔던 필딩은 무어 부인과 아지즈와 함께 기차를 타고 찬드라포어로 돌아온다. 찬드라포어 역에 도착했을 때 아지즈는 영문도 모르게 체포된다. 동굴 속에서 그가 아델라를 강간하려고 들어, 자기 망원경을 깨뜨렸다고 아델라가 고발했다는 것이다. 사실 아지즈는 그 부셔진 망원경이 땅에 떨어져 있어서 단순히 주운 것이고, 그가 체포되었을 때 그의 수중에 그것이 있었던 것이다. 필딩이 그 혐의는 난센스라고 주장했으나 아지즈는 감옥에 갇힌다. 아지즈의 재판은 영국인과 인도인들 사이에 인종문제로 발전하여 반감을 고조시킨다. 무어부인이 아들에게 자기는 아지즈가 절대로 아델라를 공격하지 않았음을 확신한다고 하자 로니는 그녀를 강제로 영국에 보낸다. 동굴에 들어가 본 이후로 무어 부인은 정신이 혼미해지고 제 정신이 아닌 다른 여자가 된다.

필딩이 아지즈를 두둔하고 나서자, 그는 그 곳 영국인 사회에서 소외되고 영국인 클럽에서도 제외된다. 로니 자신이 그 사건에 관련되어 있었으므로, 그의 부하이자 능력은 있지만 소심한 인도인 재판관 다스가 그 사건을 맡는다. 영국인들이 무리를 지어 열띤 재판정으로 들어가 다스에게 위협을 주려한다. 드디어 아델라가 증인석에 섰을 때, 그녀는 말을 번복하여 동굴 속으로 자기를 쫓아온 사람이 아지즈인지는 확실치 않다고 한다. 사실 그녀는 모든 일이 꿈만 같았다. 재판은 갑자기 끝났다. 영국인들은 펄펄 뛰었다. 격렬한 반영주의자인 변호사는 아지즈에게 상당한 손해배상 청구를 종용한다. 재판이 끝난 후 인도인들의 승리 축하 행렬에서 필딩은 자신이 제거된 사실을 발견한다. 파혼한 아델라는 영국으로 떠난다. 필딩은 아지즈에게 아델라에 대한 손해배상 청구를 하지 않도록 부탁한다. 2년 후 아지즈는 찬드라포어를 떠나 독립한 힌두 주(州)로 가서 늙은 왕의 주치의가 된다. 필딩은 영국에 돌아가 옛 친구 아지즈에게 자주 편지를 하지만 아지즈는 기분이 나빠한다. 두 친구는 헤어지며 이전의 좋았던 관계는 깨어지고 다시는 만나지 않는다.

포스터의 마지막 소설인 『인도로 가는 길』에서 작가는 인도에 거주하는 영국인들을 오만한 거드름쟁이로 풍자하고 있지만, 『하워즈 엔드』나 『전망 좋은 방』에서 그랬던 것처럼 한결같은 패러디로 일관하지는 않는다. 이 작품의 핵심은, 영국과 인도 사이의 관계를 자유주의적으로 탐구했지만 포스터가 모호함과 불안정의 공간으로 설정한 마라바르 동굴들의 거대한 공허함에 대한 묘사는 인도 자체를 암시적으로 상징하는 측면이 내포되어 있다고 보는 비평이 있다. 이 동굴들을 방문하는 사람들은 그들이 눈으로 본 것이 무엇인지, 아니 무언가를 보기는 했는지 결코 확신을 하지 못하는 것이다. 결혼하자마자 인도로 온 영국 여인 아델라 퀘스테드는 인도인 아지즈 박사와 함께 동굴로 들어가서 탐방하지만 그 안에서 두 사람 사이에 무슨 일이 있었는지 아무도 명확하게 해명하지 못한다. 영국인들은 아지즈가 그녀를 겁탈했다고 생각하지만 아델라는 그렇다고 딱 부러지게 말하지 않는 것이다. 오히려 법정에서 극적으로 고소를 철회함으로써 같은 영국인들로부터 비난을 듣는다. 고소 취하도 이 사건을 완전히 해소하지는 못한다. 이러한 우유부단이야말로 포스터의 근대적 미적 감각을 특징짓는다고 보는 견해가 있다.

만약 강간 사건 재판이 이 소설의 플롯에서 중심적인 역할을 한다면 아지즈와 영국인 휴머니스트 무어 부인과 시릴 필딩 사이의 우정은 포스터 문학의 주요 주제가 되기도 하는, 국적을 뛰어넘는 유대와 이해를 암시한다. 혹자는 이 소설을 인도의 초기 민족주의 운동에 대한 호의적인 묘사라고 평가한다. 그러나 항간에서는 포스터가 인도인들을 묘사할 때 그들에 대해 품고 있는 이국적인 환상을 떨칠 수 없었다고 지적한다.

이 소설의 구조를 만드는 데 중심이 되는 것은 거대한 지리적, 종교적, 인종적, 언어적, 문화적 다양성의 나라로서의 인도의 이미지이며, 작가는 이러한 이미지를 다양한 수준의 이해를 위해 주요인물들인 아지즈, 필딩, 아델라, 부어 부인, 고드볼 등으로써 제시한다. 이러한 인물들이 반영하는 것은 하나의 우주이다. 이러한 우주는 상징적인 의미를 내포한 세 개의 층위로 되어 있는데 'Mosque', 'Caves', 'Temple'가 그것이다. V.A. 샤하네(Vasant A. Shahane)는 인도인에 대한 영국인들 혹은 영국인-인디언들의 사회적, 정치적 이미지를 이렇게 말한다.

> The social image depicted in *A Passage to India* is basically one of schism and division. The English are little gods; they create their own heaven in the exclusive Anglo-Indian Club. Hindus and Muslims are entangled in various forms of social relationships, and create their own little worlds. friendships are formed and forged, but misunderstandings and alienation cast a dark shadow over the world of human and social relationships. Bitterness replaces affection: hatred comes in the place of love; and ways of man towards men are strewn with thorns. Foster greatly cherishes the value of personal relations; they are for him the *sine qua non* of humanistic and liberal creed and, consequently, the blindness of the Anglo-Indians to them is principal cause of the human and social tragedy he creates in this novel.
>
> The political implications of *A passage to India* have been emphasized and interpreted from various points of view. The view that the novel has been a powerful weapon in the hands of anti-imperialists has

> been emphasized by several critics and from different angles. Whereas liberal and academic critics praise *A Passage to India*, the imperialistically inclined Anglo-Indians and bureaucrats appeared to be annoyed by Forster's betrayal of the British cause in India.
>
> (Vasant A. Shahane, *York Notes* on *A passage to India* by E.M. Forster, Longman York press: Harlow, Essex, 1982)

이와 같이 두 인종 간의 관계는 그 이면에 애정과 인본주의적 사회관계 대신에 갈등과 불신이 자리를 잡고 있다. 그래서 이 소설은 몇몇 비평가들로부터는 반제국주의적 견해 때문에 반제국주의자들의 손에 강력한 무기를 안겨주었다고 평가하기도 하지만 반면에 제국주의적 편향성을 가진 영국계 인도인들과 관료들로부터는 인도에서의 영국적 대의명분을 성가시게 방해한다고 여겨진다.

이 작품은 3부로 나뉘는데 각 부마다 모두 나름대로의 종교적, 정신적, 문화적 암시를 주는 제목을 갖고 있다. 'Mosque', 'Caves', 'Temple'이 그것이다. 제1부 회교사원(Mosque)에서는 여러 가지 다른 문화와 종교를 가진 사람들이 서로 만나서 화합을 시도하지만 결국 실패로 돌아가는 모습을 보여주고 있다. 인도인에게 호의적인 무어부인에게는 인도인처럼 종교적이면서도 신비적인 영적 교감을 나눌 수 있는 능력을 필요로 하지만 기독교적 문명에 젖어있는 그녀로서는 인도에서의 신비스런 경험을 감내해 내기에는 너무나 이질적인 존재이다. 이러한 그녀의 정신적 충격은 제2부 마라바르 동굴탐험에서 잘 나타나고 있다. 즉 이 동굴탐험은 지금까지 표면적으로 보이던 분열과 반목과 혼돈의 양상이 각 인물들 개개인의 정신세계에까지 영향을 미치고 있음을 보여주고 있다. 필딩이 영국으로 돌아간 지 2년이 지난 후 제3부 '사원'(Temple)에서는 힌두신의 하나인 크리슈나(Krishina) 신의 탄생을 축하하는 종교의식이 고드볼의 주관으로 열린다. 이 축제는 힌두교도와 비힌두교도, 이슬람교도, 그리고 인도에 거주하는 영국인 등 모든 민족들이 참가한다. 고드볼은 춤을 추면서 그의 비전 속에서 무어부인을 보게 된다. 그는 브라만(Brahman)이고 무어부인은 기독교인이지만 그러한 차이는 신과의 합일과 우주적 사랑에 의해 허물어진다. 이 축제는 먼지와 소음, 음악소리가 진동하는 혼돈의 순간이지만 이것은 신의 탄생이 의미하는 구원과 사랑, 질서와 화합의 장을 의미하기도 한다. 하지만 소설의 후미에서 아지즈와 필딩 두 사람은 다시 해후를 함에도 불구하고 예전처럼 가까워질 수 없음을 서로 감지하게 된다. 두 사람은 마우(Mau) 정글 속을 말을 타고 가면서 필딩이 다시 옛날처럼 다시 친구가 되어주기를 바라지만, 두 사람이 영국과 인도 간의 정치, 사회 문제를 논의하는 가운데 진정한 화목이 있을 수 없다는 방향으로 이야기가 발전한다. 작품 속에서 인도와 영국이 적대국이라는 의미는 상당히 약화되어 있고, 감추어져 있으며, 또한 축소되어 있지만 곳곳에 두 문화와 인종 간의 갈등과 차별주의로 인한 불화가 드러나고 있는 것이다.

4) 영국의 제국주의, 국제결혼

- D.H. Lawrence, 『무지개』(*The Rainbow*)

영국의 작가(소설가, 시인, 극작가, 문학과 문명 비평가)인 D.H. 로렌스(1885-1930)는 장편소설 『무지개』(*The Rainbow*)를 통해 3세대에 걸쳐서 전개되는 당대 영국의 가정생활과 남녀의 사랑, 그리고 사회와 문명의 위기 상황 등에 대해 그의 견해와 관점을 탁월한 필치와 묘사로 표현한다. 이 작품에는 한 남성 주인공인 영국인 톰(제1세대 Tom)과 폴란드 국적의 한 여성 주인공 리디아(Lydia) 사이에 국제결혼이 이루어지며, 그리고 당대 영국의 인도 지배에 대한 영국 상류계급의 제국주의적 시각을 비판하는 작가의 견해가 나타나 있다. 로렌스의 부인은 영국인이 아니라 독일 여성이며 독일군 장성의 딸이기도 하다. 그녀의 독일인 사촌은 제1차 세계대전에서 런던을 공습한 독일 공군 비행기 조종사였다. 로렌스는 부인 프리다(Frieda)와 국제결혼을 했기 때문에 한 때는 스파이 혐의를 뒤집어쓰고 몸과 가택 수색을 당하는 등 수모를 겪기도 했다.

이 소설에서 제1 세대에 속하는 청년 톰은 폴란드 출신의 리디아에게 구혼을 하는데, 뒤이어 이어지는 결혼생활은 다소 이색적인 요소가 투영되어 있다. 그녀에게는 사별한 폴란드인 전남편에게서 태어난 어린 딸 안나(Anna)가 있다. 톰은 농장을 아버지로부터 이어받아 전원생활을 하면서 살아가는 영국의 전형적인 향토민이다. 리디아는 이 농촌지역의 목사관에서 생활하는데 톰은 교회에서 그녀를 만난 후에 이국적인 여성 리디아에게 마음이 이끌린다. 그에게는 바깥이나 외부 또는 외국의 세계를 향한 향수와 같은 이국적 취향이 마음에 늘 요동한다. 톰의 이러한 이국적 취향에 대해 힐더 스피어(Hilda Spear)는 다음과 같이 말한다.

> The chance encounter at Matlock with a little, wizened, middle-aged foreigner gives Tom a sudden insight into an unknown world; this world gentlemanly courtesy, elegant and gracious good manners which the foreigner opens up for him remains vividly in his

imagination, making him unable to settle back into the dull routine of his own life. Thus he is first attracted towards Lydia because he sees her as the fulfillment of his aspirations. A stranger, self-contained, self-absorbed, she seems to offer him that other life that so far has eluded him.

(Hilda Spear, *York Notes on The Rainbow* by D.H. Lawrence. London: Longman Group Ltd., 1980. p.39)

톰은 그가 청혼을 구하는 목사관에 사는 여인 리디아에 대해 그녀에 관한 사정과 정보를 수소문한다. 그 결과에 의하면 그 여자는 어떤 폴란드 의사의 미망인이었다. 남편은 망명객으로 런던에서 죽었다. 여자의 말씨에는 약간의 외국 말투가 있으나 쉽게 알아들을 수 있었다. 안나라고 하는 이름을 가진 딸아이가 하나 있었으며, 여자의 성은 렌스키, 즉 렌스키 부인이었다. 톰은 그 여자에 대해서는 마치 자기와 운명적으로 맺어져 있기나 한 듯한 묘한 확신이 든다. 더구나 여자가 외국인이라는 점이 그에게는 깊이 만족스러웠다(p.32). 이렇게 수소문하여 알아내기 이전에 톰이 식모인 틸리(Tilly)와 목사관에 사는 이 외국 여인에 대해서 나누는 대화를 읽어보자.

'Why, 'er name.'
'How's that?'
'She's fra some foreign parts or other.'
'Who told you that?'
'That's all I do know, as she is.'
'An' wheer do you reckon she's from, then?'
'I don't know. They do say as she hails fra th' Pole. I don't know,' Tilly hastened to add, knowing he would attack her.
'Fra th' Pole, why do you hail fra th' Pole, why do you hail

fra th' Pole? Who set up that menagerie confabulation?'

'That's what they say - I don't know - '

'Who says?'

'Mrs Bentley says as she's fra th' Pole - else is a Pole, or summat.'

Tilly was only afraid she was landing herself deeper now.

'Who says she's a Pole?'

'They all say so'

'Then what's brought her to these parts?'

'I couldn't tell you. She's got a little girl with her.'

'Got a little girl with her?'

'Of three or four, with a head like a fuzz-ball.'

'Black?'

'White - fair as can be, an all of a fuzz.'

'Is there a father, then?'

'Not to my knowledge. I don't know.'

'What brought her here?'

'I couldn't say, without th' vicar axed her.

'Is the child her child?'

'Is'd think so - they say so.'

'Who told you about her?'

'Why Lizzie - a-Monday - we seed her goin' past.'

'You'd have to be rattling your tongues if anything went past.'

Brangwen stood musing. That evening he went up to Cossethay to the Red Lion, half with the intention of hearing more. (pp.31-32)

이렇게 하여 결국 톰의 뜻대로 부부가 된 두 사람은 국제결혼을 한 셈인데 이 두 사람 사이에 어떤 문화적, 언어적, 사회관습적 차이가 발견될 수 있는지 의문을 가져보고 그것에 대해 살펴보면 흥미로울 것이다.

한편 제3 세대에 속하는 어슐러는 영국의 군대장교로서 인도와 아프리카 등에 파견되어 영국군으로 복무하는 스크레벤스키(Skrebensky)와 맺는 사랑은 파국을 맞게 된다. 연인인 이

남자는 영국군대의 공병장교로서 대영제국을 위해 인도와 아프리카에서 각성된 의식 없이 국가적 사명에 충실한 채 기계적으로 살아가는 기계인간일 뿐이라는 비난을 어슐러에게서 받는다. 그녀는 영국의 인도 식민지 지배와 통치에 대해서 그들의 제국주의적 허위의식과 부도덕성을 신랄하게 비판한다. 인도인에 대한 영국인의 지배에 대해서 어슐러는 그 정당성을 부정한다. 영국 귀족계급은 인도인들의 이익을 위해서 그들을 지배한다고 아주 정당하게 생각하고 있지만 그것은 내면적인 진실성이 없다. 그리하여 "Your governing stinks. What do you govern for, but to make things there as dead and mean as they are here!"(p.462)라고 비난한다. 어슐러에게는 영국인들의 모든 것은 겉으로는 번지르르 하게 민주주의적 가치를 포장하고 있지만 제국주의 지배자로서의 탐욕과 타락의 표본처럼 보일 뿐이다. 그녀의 영국과 영국인에 대한 비난은 종족적 차원으로까지 확대된다.

> Everything is so meagre and paltry, it is so unspiritual - I hate democracy.... 'Only the greedy and ugly people come to the top in a democracy,' she said, 'because they're the only people who will push themselves there. Only degenerate races are democratic.' (p.461)

이 작품에 서술된 두 인종과 문화 간의 조화와 갈등의 문제에 우리의 관심을 돌려보고 거기에 작동하는 주인공 인물들의 심리적 작인을 고찰할 필요가 있다. 로렌스의 『무지개』에서 텍스트를 통해 나타난 국제결혼과 제국주의 문제를 중심으로 '문화 간 소통'의 관점에서 각자의 견해를 피력하고 토론해보자.

5) 미국 내 한국 이민자들의 삶과 문화적 차이와 차별
- Chang-Rae Lee, 『네이티브 스피커』(*Native Speaker*)

재미 교포인 이창래의 소설 『네이티브 스피커』(*Native Speaker*)는 그의 데뷔작이다. 슬픈 이야기를 담은 이 작품은 미국 이민 2세인 이창래가 1995년에 29살의 나이로 출간했는데 이를 통해 여러 개의 상을 받았으며 큰 호평을 받았다. 이 작품으로 미국의 대표적인 문학상 6개를 휩쓸면서 미국 문단의 가장 유망한 신인작가로 떠올랐다. 젊은 작가의 작품이라 문학사적 의의를 벌써 규정하기는 어렵지만, 한국계 작가 중 미국에서 가장 많이 언급되고 가장 많은 파급력을 가진 작가라고 할 수 있다. 그는 현재 프린스턴대학교에서 창작을 가르치고 있다. 다음의 글은 인터넷에 실린 어느 한국계 미국교포의 이 작품에 대한 감상 소감문이다.

> "내가 대학생 때였나, 직장인 때였나 기억이 안 나지만 『영원한 이방인』이란 제목으로 출간된 번역본을 읽었는데 그 때는 별 감흥을 느끼지 못해 읽다가 말았던 것 같다. 얼마 전 피닉스 도서관에서 『네이티브 스피커』라는 제목으로 출간된 더 오래된 번역본을 빌리게 됐고 조금 전 이 소설을 끝냈는데 다 읽고 난 이후의 소감을 한마디로 요약하자면 '슬프다'라는 것이다. 이방인으로 살아야 하는 이민자의 쓸쓸한 (하지만 단단한) 삶이 가슴에 와 닿는다. 이것도 내가 미국에 몇 년 살면서 미국에 이민을 온 사람들이 어떻게 지내는지 멀리서나마 지켜보게 된 덕분이다. 스물아홉에 이런 소설을 썼다니 참 난 사람이긴 난 사람이다. 오랜

> 만에 읽은 지적인 소설이다. 95년의 이야기이지만 지금도 비슷한 것 같다. 한국 사람이 미국에서 산다는 건 쓸쓸할 수밖에 없는 일인 것 같다. 난 우리 윤수가 한국에서 자라서 한국에서 살면 좋겠다. 아니면 윤수도 지금 내가 살고 있는 고독하고 여유로운 이 생활을 원하려나? 잘 모르겠다. 아무튼 윤수가 한국말보다 영어를 더 잘하는 사람이 된다는 게 상상이 안 간다.
>
> '인종'과 '국적'을 의식하면서 사는 삶이라니, 나도 서른 살 때까진 내가 그런 삶을 살게 될 줄 몰랐다. 뭐, 대부분의 시간엔 냉장고에 무슨 재료가 남아 있나 의식하면서 지내긴 합니다만.
>
> 오늘 던킨도너츠에 가서 'ORIGINAL'이란 단어를 말할 일이 있었는데 점원은 친절한 표정으로 내 발음을 이해하지 못했다. 아휴."

『네이티브 스피커』에서 '원어민'이란(이에 대해서는 박수정, '이창래 소설의 백인성의 신화와 해체,' 부산대학교 대학원 박사학위청구 논문, 2010. 2. p.13 참조) 언어학적으로 보면, 특정한 언어를 태어날 때부터 혹은 매우 어린 시절부터 사용해온 사람이라고 정의할 수 있다. 그러나 그것의 사회적, 정치적 함의는 결코 단순하지 않다. '원어민'은 개인의 언어구사 능력을 넘어서 국가, 민족, 인종, 문화, 젠더 등의 코드가 그 속에 이미 각인되어 있는 개념이다. 영어는 아메리카 대륙에 이민이 시작된 이래 여러 인종과 문화가 합류하고 충돌하는 국가에 일관성과 통합성을 부여하기 위한 버팀목의 역할을 담당해 왔다. 다시 말해 미국의 영어는 이민자들이 의사소통을 위해 익혀야 할 단순한 공용어가 아니라 '진정한' 미국인이 되기 위한 필요조건, 즉 미국사회에 편입하기 위한 관문으로 작용해 왔다. ‘원어민’이라는 기표는 국가의 공식어인 영어를 유창하게 말하는 것이 미국인의 정체성을 보장할 것이라는 신화를 유포하지만 백인의 타자인 유색인종들에게 원어민의 정체성은 사실상 그들을 배제하고 소외시키는 또 하나의 이데올로기가 된다. 작품의 주인공인 헨리 박(Henry Park)은 영어를 완벽하게 말하지만 여전히 비원어민으로 정의되며, 따라서 원어민이 되기를 욕망한다. 그는 더욱 완전한 미국사회의 일원이 되기 위해서 이민자로서 소수인종의 아버지가 아니라 주류로서의 ‘백인 아버지’와의 동일시를 욕망한다. ‘백인 아버지’란 헨리가 동화하고자 하는 백인 주류사회를 육화하는 아버지 상(father figure)을 가리킨다. 이러한 백인 아버지와의 동일시 욕망은 헨리가 백인 아내와의 결혼을 통해 구체화된다.

하지만 헨리는 한국계 미국인 존 광(John Kwang)을 비롯한 대안적 아버지의 상들과 대면함으로써 자신이 욕망하는 원어민의 정체성이 결코 경계가 확고한, 안정적 실체가 될 수 없음을 깨닫는다. 영어는 영국 청교도 이민자의 언어이지만 원어민과 비원어민의 이분법은 외국인도 아니고 완전한 미국인도 아닌 소수인종으로서의 이민자들의 존재로 인해 불안정해짐을 인식하게 만든다. 미국 주류사회의 이데올로기 속에서 영어는 백인, 좁게는 앵글로 색슨족이라는 특정 인종의 언어로 전유되기 때문에 유색인 이민자들과 그들의 자녀들은 영어를 아무리 완벽하게 구사한다고 할지라도 ‘원어민’, 곧 진정한 미국인의 정체성을 주장하기가 힘들다. 궁극적으로 헨리는 비원어민으로서 ‘원어민’이라는 미국에서 살아가는 소수인종의 삶에 대한 이야기를 쓰는 것을 통해서 비원어민인 소수인종이 미국인의 정체성에서 배제되지만 그들이 없이는 미국이라는 국가 자체가 성립하지 못하는 모순을 폭로하고자 한다. 그리하여 '미국인'의 다른 이름인 '원어민'의 백인중심적인 규정과 지배문화를 해체하고자 한다. 이 소설은 요컨대 미국사회의 근원에 도사리고 있는 백인문화 우월주의와 문화차별주의를 비판하는 것이다(박수정, 같은 논문 pp.13-14 참조).

(1) 이창래 소설 『네이티브 스피커』의 문화와 인종 간의 갈등의 문제

총 23장으로 구성되어 있는 이 소설은 1장에서 이야기를 이끌어가는 중심 화자인 헨리 박(Henry Park)이 백인 여성과 결혼한 한국계 미국인으로 등장한다. 부모님의 한국적인 문화는 미국에서 나고 자란 그에게 너무 이질적지만, 그렇다고 자신을 완전한 미국인으로 느끼는 것도 아니다. 이 소설의 첫머리에서 아내 릴리아(Leila)는 별거를 선언하고 비행기를 타고 떠나면서 그가 "스파이", "동화주의자," "정서적 외국인" 등등이라고 적어놓은 메모를 주고 간다. 이 메모를 보면서, 헨리는 지금까지 살아온 자신의 모든 삶을 되돌아보게 된다.

다음의 글은 미국의 문화와 인종 간의 갈등이 재미교포 작가인 이창래의 『내이티브 스피커』에서 어떻게 반영되고 있는지를 살펴본 것이다. 정혜욱이 쓴 논문, "이창래의 『네이티브 스피커』와 그 문학사적 의의"를 참조하여 핵심적인 내용을 중심으로 재정리하였다(출처는 인터넷 자료, 2011년 여름).

10살 때 어머니가 돌아가신 후로 아버지와 정서적 유대감을 형성하지 못한 헨리는 전통을 고수하는 아버지에게 반항했고, 돌아가신 어머니를 대신하여 집안일을 돌보도록 아버지가 한국에서 데려온 아줌마를 이해하지 못했다. 그는 20년 이상을 가족처럼 지내고도 아줌마의 이름도 몰랐다. 따라서 결혼 이후에도 그와 아버지와의 관계는 이전과 별로 다를 바가 없었다. 우선 그는 한국의 문화가 싫었다. 김치 냄새도 싫었고, 마늘 냄새는 더욱 참을 수가 없었다. 그의 한국 이름은 '병호'이지만, 그는 그 이름을 사용하지 않았고 그렇게 불리기를 원하지도 않았다.

한국 문화가 싫었기 때문에 그는 백인들이 사는 마을로 이사한다. 그러나 이사를 한 후 아이들 간의 장난이 사고로 이어져 아들 밋(Mitt)이 죽는다. 비록 사고사이긴 했지만, 백인이 아닌 그의 아들이 백인마을에 적응하기는 쉽지 않았던 것이다. 겉으로는 합리적이고 이상적으로 보이는 미국 사회이지만, 주류백인사회가 눈에 보이지 않게 만들어놓은 벽은 대단히 견고했다. 아들의 사고에서도 보듯 이민자 2세인 헨리가 미국 사회의 주류에 편입되기란 쉽지 않은 일이다. 아버지처럼 슈퍼마켓을 운영하지는 않지만, 그렇다고 헨리가 좋은 직장에서 인정받는 미국인으로 살 수 있는 것도 아니다.

사실 헨리는 돈을 받고 개인정보를 파는 회사에서 일한다. 그것은 국가정보기관과는 아무 상관없는 사설 기업이다. 그래서 그는 그가 근무하는 회사가 어떤 곳인지 아내에게도 내놓고 말하지 못한다. 회사의 주 업무는 이민자의 정보를 모아서 다국적 기업이나 관련 업체에 돈을 받고 파는 것이다. 헨리는 한국계이기 때문에 주로 아시아에서 온 이민자들을 담당하고 있다. 최근에는 극비리에 전도가 유망한 미국 정치가인 존 광(John Kwang)에 대한 정보를 모으고 수집하는 일을 맡게 되었다. 그는 정체를 숨기고 존 광에게 접근한다.

그러나 그는 존 광과 만나면서 많은 혼란에 빠지게 된다. 그가 일을 처리하는 방식은 언제나 "합리적 기록자로서 복사

기처럼 사실을 전달하는 것"이었지만, 단순한 관찰자로서 정보만을 수집하는 태도에서 벗어나서 존 광을 존경하게 되고, 그에게 동질감이나 애정을 넘어서 아버지와 같다는 느낌을 받는다. 그래서 존 광의 정보를 회사에 넘기는 것이 "낯선 사람에게 부모님의 비밀스런 부분을 노출시키는 것" 같다.

시장 후보인 존 광이 말하는 "계"(ggeh)나 가족과 같은 한국 문화는 헨리가 아버지에게서 느꼈던 것과 사뭇 다르다. 그는 존 광을 통해서 한국의 전통이 "사라진 시절의 찬란한 기억"에 불과한 것이 아니라는 것을 깨닫는다. 광은 한국의 문화를 미국의 문화 속에 다시 쓴다. 그러나 이것은 같은 것의 반복이 아니다. 광이 말하는 가족은 혈연에만 얽매여 있는 과거의 협소한 가족 개념이 아니라, 주변인, 소수자, 유색인종 등을 모두 포함하고 있다. 광은 모든 이민자 집단을 가족으로 생각함으로써 그들을 "정복당한 자들로서가 아니라," 살아서 자기 목소리를 낼 수 있는 공동체로 만들 작정이다.

또한, 광은 이민자들을 돕고자 "계"를 조직한다. 계는 생전의 아버지도 종종 이용하던 것이었다. "계"는 매주 정해진 액수의 돈을 내고, 자기 차례가 되는 주에 모은 돈을 모두 가질 수 있기 때문에 계의 핵심은 계원들이 서로 잘 알고 구성원이 자기 차례가 지난 다음에 달아나거나 빠지지 않는다는 확고한 신뢰에 기반을 두고 있다. 그러나 광은 한국의 관습인 "계"를 혈연이나 지연을 넘어서 보다 확장했다. 즉 그는 계를 이용하여, 가진 것이 없어 은행대출이 막힌 소수민족 이민자들에게 미국 땅에서 성공적으로 정착할 수 있는 종자돈을 제공하려고 한다. 이것은 한국적 문화를 미국의 지형 속에 다시 쓰는 행위이지만, 정치가로서 그가 대중들의 시선을 사로잡을수록 주류백인사회의 정치적 공작과 음모도 늘어난다.

헨리는 합리적인 기록자이자 객관적 관찰자로서의 자세를 견지하고, 객관적으로 계가 어떤 모임인지를 회사에 보고하지만, 이 정보를 회사로부터 건네받은 다른 시장 후보인 드 루스(De Roos)는 자신에게 유리한 선거 분위기 조성을 위해 그것을 정치적으로 이용한다. 언론은 이를 "사설 은행"이라고 보도하면서 광이 금융위원회에 신고도 하지 않고 부당 이득을 얻은 것처럼, 일종의 마피아조직과 유사한 불법 활동이라고 보도한다. 그러나 이 보도의 출처가 금융위원회가 아니라 이민귀화국에서 나왔다는 점에서 광이 불법행위를 저질렀다는 증거는 없었지만, 모든 언론 플레이나 정치판이 그렇듯이 중요한 것은 사실 확인이 아니라 상대의 정치생명을 끝내는 데 있다. 헨리는 광의 "계"가 불법이 아니라는 것을 알고 있지만, 그는 계원의 명단이 적힌 정보를 이미 회사에 넘겼고, 그 정보가 정치적 음모에 이용되는 것을 막을 길은 없다.

광의 많은 계원 중에는 극히 일부에 불과하기는 했지만, 불법이민자가 포함되어 있었다. 광은 합법적 이민자와 불법 이민자를 구분하지 않았다. 그의 목표는 미국 땅에서 사는 모든 사람이 인간답게 살게 하는 것이기 때문이다. 그러나 이 사실이 알려지면서, 불법이민자들 때문에 실업자가 되었다고 믿는 시위자들(대부분이 백인이고 남자)은 광을 "밀입국 주선자"라고 불렀고, "미국인만을 위한 미국"이라는 피켓을 들고 광의 집 앞에서 시위를 벌인다.

결국, 광은 술을 마시다 사고를 내고 정치적으로 완전히 몰락한다. 이제 헨리는 더 이상 광을 관찰할 필요가 없다. 정보를 넘긴 것으로 그의 임무가 끝났기 때문이다. 헨리는 신문기사를 통해서 광의 기사를 읽는다. 언론에 유포된 사진은 광의 추한 모습을 부각시키는 데만 주력하고 있고, 기사는 객관성을 잃고 이런저런 시중의 분개나 독선을 그대로 반영하고 있다. 그러나 음주운전을 했다는 것을 제외하고는 당국은 특별한 범죄의 증거를 발견하지 못한 듯했다. 원칙대로라면 미국 시민으로서 현 시의원이자, 시장후보인 광이 죄가 있다면 재판에 부쳐져야 마땅했고, 감옥으로 가야했다. 그러나 그는 재판을 받지 않았고, 불법이민자를 감쌌다는 명목으로 인민귀화국이 한국으로 돌아갈 것을 명령하고 그는 계에 참여했던 다른 이민자들과 함께 미국에서 추방된다.

물론 헨리가 직접 나서서 존 광을 몰락시킨 것도 아니었고, 그가 직접 이민자들을 추방당하게 한 것은 아니었다. 그에겐 그런 의도가 없었다. 비록 그가 정보를 팔아먹고 살았지만, 그것은 그의 직업이었을 뿐, 남을 해롭게 할 생각은 조금도 없었다. 그는 단지 객관적 관찰자로서 있는 그대로의 사실을 전달했을 뿐이었다. 그러나 광의 몰락을 지켜보면서 헨리가 깨달은 추한 진실은 “합리적인 눈을 가장하여 소수자의 삶을, 한 정치인의 삶을 나락으로 빠뜨렸다는 것”이다.

광이 사라지고서, 이제는 스파이 노릇을 그만둔 헨리가 등장한다. 소설의 마지막 부분에 등장하는 헨리는 많은 가난한 아이들에게 영어를 가르치는 아내, 릴리아를 돕고 있다. 아내가 영어를 가르치는 곳은 임시 교육시설이다. 이곳의 대상 학생은 정규교육을 받을 수 없는 아동들이다. 어쩌면 이곳의 학생 중에는 불법이민자도 있을 수 있다. 그러나 이제 헨리는 누가 불법이민자인지 알려고 하지 않고, 그들의 개인정보를 캐지도 않는다. 이제 그는 그토록 가기 싫어했던 한국이나 아시아인을 대상으로 삼는 슈퍼마켓에 가서 음식을 사오기도 하고, 국과 밥으로 된 한국 음식을 차리고 한국 음식을 먹는다. 그리고 그곳의 아동들의 이름을 고저와 억양까지 세심하게 주의를 기울여서, 가능한 그들이 미국으로 오기 이전에 그들이나 그들의 부모가 태어난 곳의 발음으로 아동의 이름을 불러주고자 노력하면서 이야기는 끝난다.

이 소설에서 독자를 끌어들이는 흡입력, 서정적인 문체, 탄탄한 구성, 그리고 무엇보다도 치밀하고 복합적인 심리묘사, 그리고 등장인물의 성격과 상황에 따라 달라지는 문체 등 작가의 문학적 자질을 발견할 수 있는 곳은 대단히 많다. 특히 광이 정치적으로 몰락하면서 구사할 때의 파편적인 언어는 인물의 심리를 탁월하게 드러내고 있다. 영어 속에 "아줌마"나 "우리 집"과 같은 한국어를 적절히 끼워 넣어 낯설게 하는 효과를 부여하는 것도 역시 작가의 역량이다. 그러나 단순히 문장이 좋다거나 작품 구성력이 뛰어난 것만이 이 소설의 미덕은 아니다. 좋은 소설은 작가가 말한 것을 넘어서 수많은 해석과 의미가 솟아나게 한다.

우리는 말의 세계, 언어의 세계에 산다. 우리가 사는 현실은 각양각색의 말들로 가득 차 있지만, 사람들이 말하는 방식은 거의 같다. 헨리의 아버지가 자신의 가게에 얼쩡거리는 흑인들에게 "사거나 나가"라고 말했듯이, 사람들은 "여기 우리 공동체의 코드에 복종하거나 아니면 사라지라"고 요구한다. 오늘날과 같은 정보화 시대, 유비쿼터스의 시대에도 사정은 다르지 않다. 웹과 같은 가상공간에서도 이런 사정은 더 심했으면 심했지 덜하지는 않다. 한국과 미국이 국적이 다르다고 해서 다르게 말하는 것은 아니다. "복종"과 "사라짐"은 표면적으로는 다르게 보이지만 사실은 같은 말이다. 일단 복종을 거부하고 사라지는 것 자체는 아무 의미가 없다. 보이지 않는 것은 보이지 않기 때문에 주류문화에 아무런 영향을 미치지 못한다. 그러므로 사라지는 것 역시 복종의 한 형태다. 복종은 일종의 사회 문화적 코드에 대한 복종을 의미한다.

여기서 문제는 문화가 단수가 아니라는 것이다. 이 소설에서 표면적으로 드러난 것은 주류문화와 소수문화 간의 불평등한 관계이다. 세계에는 수많은 문화가 존재하고 있지만, 문화 간의 교환과 교류는 반드시 수평적인 것이 아니다. 다른 모든 것과 마찬가지로 약한 문화는 강한 문화에 끊임없이 잠식당할 뿐만 아니라 강한 문화는 우월한 것으로 약한 문화는 열등한 것으로 취급된다. 소수 문화, 예를 들어 한국 문화가 강한 문화인 미국 문화보다 본질적으로 열등하다는 과학적 증거는 어디에도 없다. 하지만, 한국계가 주류문화가 아니므로, 그것이 미국적이라고 간주하는 문화 속으로 포섭될 수 없을 때, 그것은 미국 내부의 것이 아니라 외부적인 것으로 축출되고 추방된다. 그래서 이러한 관점에서 이 소설을 읽는다면 이것은 탈식민주의의 관점이 될 수 있을 것이다.

헨리와 같은 이민자는 한국과 미국의 두 문화 사이에서 어떤 문화에 복종해야 할지 고민할 수밖에 없다. 헨리는 한국문화가 비합리적이고 구시대적이고 미국 문화가 합리적인 것으로 파악하지만, 그가 존 광의 몰락을 통해 깨달은 진실은 미국 문화가 합리적이라고 생각했던 것이 자신의 편견에 지나지 않는다는 것이다. 하나의 민족, 하나의 인종에 특권을 부여하고 차이를 억압하는 것이 합리적일 수 없기 때문이다. 이러한 관점에서 보자면 이 소설은 단일 언어에 대한 저항이자, 모놀로그에 대한 저항이며, 미국 문화가 자신의 정당성을 주장하려면 필연적으로 다문화주의로 나아가야 한다는 주제를 담고 있다고 할 수 있다.

문화의 차이는 미국 내의 이민자에게서만 생겨나는 것이 아니다. 하나의 문화 내에서도 위계질서가 존재하고 복종의 메커니즘이 작동한다. 그리고 세계화된 자본이 국가의 경계를 알지 못하듯이, 이주자는 세계의 어느 곳에나 존재한다. 세계화의 물결에 편승해서 이주자가 엄청나게 증가한 것도 사실이지만, 미국 내의 불법이주자를 단속하고 새로운 유입을 막으려는 노력도 범세계적이라 할 만하다. 이 소설은 불법이민자나 소수자의 권익에 주목하라고 요청하는 작품이 된다. 소설의 마지막에서 불법과 합법의 선을 긋지 않고 이주자 모두를 포용하는 헨리의 모습은 차이를 억압할 것이 아니라 차이와 더불어 살아가야 한다는 깨달음을 보여주고 있다.

(2) 『네이티브 스피커』에 나타난 문화와 인종 간의 차이와 번역의 문제

아래의 글은 『네이티브 스피커』에서 미국 내에서의 문화와 인종 간의 차이의 문제와 그리고 그러한 인종 간, 문화 간 차이가 매개되어 있음으로써 온전한 번역이 불가능하거나 심각하게 왜곡되는 현상을 주목하여 언어적 번역에서 발생하는 복잡한 문제를 짚어본 것이다. 핵심 요지는 한국문화의 번역가로서 재미교포 작가 이창래가 출신 문화에 대해 가능한 한 객관적이고 정확하게 옮기고자 하더라도 미국의 문화 속에서 이해와 번역은 불가능하다는 것이다. 이 소설은 미국 사회에서 한국 문화가 배척되고 추방되어야 할 불순한 문화로서 번역되고 유통되는 암묵적인 과정이 내포되어 있다고 본다. 『네이티브 스피커』의 등장인물 헨리 박(Henry Park)에 의해 이루어지는 한국 문화 번역의 의미, 그리고 광(John Kwang)의 번역, 광에 대해 헨리가 쓴 보고서의 의미를 자세히 추적해본다면 문화 간의 이해와 차별의 쟁점이 드러날 수 있다는 것이다. 정혜욱이 쓴, "한국계 미국소설에서 민족의 번역: 이창래의 『네이티브 스피커』를 중심으로"를 참조하여 핵심적인 내용을 추출하여 재정리했다(『새한영어영문학』 제49권 4호, 2007).

이 작품에서 주인공인 헨리 박은 자신의 정체성을 스파이이자 배반자(p.5), 동화주의자, 아첨꾼(p.160)으로 정의한다. 이것은 거의 대부분의 미국 내의 한국계 작가들의 운명적 정체성이기도 하다. 헨리가 국가정보기관이 아닌 다국적 기업이나 그러한 종류의 자본과 연계된 집단을 주된 고객으로 하는 개인회사에서 일한다는 것 은 기호에 어쩔 수 없이 영합할 수밖에 없는 저자인 이창래가 처해있는 상황과 공명하고 있다. 하지만 헨리의 스파이 행위는 순수하게 돈만을 위해서 정보를 파는 행위와는 다르다. 결과만을 놓고 보았을 때 그의 행위는 자민족을 배반하는 스파이의 그것과 다르지 않지만, 실제로 그가 쓰는 글은 번역가의 그것과 다르지 않다. 이러한 역할은 헨리의 고용주인 데니스 호그랜드(Dennis Hogland)가 그에게 요구하는 것("언제나 뒤에, 배경에 머물러 있어서 드러나지 않게")이기도 하다(p.44).

우선 원본으로 간주되는 어떤 것, 순수 한국 전통이라고 간주될 수 있는 것이 있다고 하더라도 그것을 번역 가능하게 만들 수 있는 능력이 그에게는 없다. 영어를 제대로 구사하지 못하는 어머니나 어머니가 돌아가신 후 가사 일을 돌보아주기 위해 한국에서 건너온 아줌마(Ah-juh-ma)가 가지고 있는 한국문화는 헨리에게 뿐만 아니라 미국문화권 속에서도 대단히 이질적인 것이며, 번역 불가능한 것이다. 우선 소설에서 어머니와 아줌마의 이름은 등장하지 않는다. 이것은 의도적으로 여성인물들을 무시하고자 했다거나 여성에 대한 헨리의 편협한 시각 그 자체라기보다는, "한국에서 여성의 이름이 자연스레 나올 수 있는 순간은 없다는 것"(p.69)을 알고 있는 헨리가 여성을 가족관계로만 정의하는 한국 관습을 번역가의 "합리적인 눈"에 의거해서 가감 없이 그대로 전달했다고 보아야 할 것이다.

"합리적인 눈"으로 번역을 시도하는 화자에게 한국여성은 한국 전통이 중시하는 침묵의 가치를 보존하고자 하는 인물들이다. 화자가 이 인물들에 보다 많은 지면을 할애하지 않은 것은 사실이지만, "혀와 심장과 마음이 담긴 모든 범주의 침묵을 기념한다"(p.171)고 헨리가 고백하는 것으로 봐서 말하기 보다는 침묵에 가치를 두는 한국적 문화 자체를 경멸하고 있다고 보기는 힘들다. 예를 들어 아줌마는 영어를 못하는 것은 물론 머리에 쪽을 지고, 죽어서도 미국 땅에는 묻히기를 거부할 정도로 서양적인 것에 대해 지극히 배타적인 인물이었지만, 그녀의 죽음 앞에서 숙연해지는 헨리의 모습(p.81)으로 미루어 화자가 아줌마를 부정적으로 그린다기 보다는 서양문화와 섞임을 단호히 거부하는 아줌마를 미국 언어로 옮길 수 없었다고 보아야 할 듯하다. 이러한 헨리의 태도가 문제가 되는 것은 미국 사회에서 번역되지 않고, 옮겨지지 않는 침묵의 문화는 "숨기는 것이 많은 사람"이나 "정서적 외국인"(p.5)으로 받아들여지거나 그렇지 않으면 마치 존재하지 않는 것처럼 무시되는 경향 때문일 것이다.

한편, 헨리는 아버지가 어떻게 번역되기를 원하는 지, "모든 원주민들(natives)이 무슨 이야기를 듣기를 원하는지 안다"(p.50). 아버지는 아내와 아기를 데리고 호주머니에 단돈 200달러만을 가지고서 미국생활을 시작했다고 알려져 있다(p.49). 그래서 아들인 헨리는 아버지를 자수성가하여 미국사회에 성공적으로 진입한 영웅적인 인물이라고 간주해야 한다는 것도 안다. 하지만 헨리는 이러한 한국계 이민자들의 믿음을 배반한다. "합리적인 눈"으로 보았을 때 그것은 사실이 아니다. "합리적인 눈"은 미국인의 눈이고, 미국 문화의 잣대로서 평가한다는 의미를 포함한다. 따라서 번역가의 합리적인 눈은 한국민족이 가지고 있다고 간주되는 우수성, 부지런함, 영웅성 등을 인정하지 않는다.

아버지는 이민자 고용인들에게 말이 필요 없는 일은 무엇이든지 시켰다. 그는 대학을 나왔지만 미국에 아는 사람이 한 명도 없었고 영어를 거의 하지 못했다. 30대였던 윤 씨와 김 씨는 부인과 어린 자식들을 데리고 이민을 온지 얼마 되지 않았다. 그들은 200달러의 현금과 식사와 우리 가게에서 팔 수 없거나 팔지 않을 과일과 채소를 얻기 위해 하루에 12시간씩 일주일에 6일 동안 일을 했다. 전형적인 방식이었다. 아버지는 아버지 이전의 모든 성공적인 이민자와 마찬가지로 어떤 때는 부드럽게, 또 어떤 때는 무자비하게 자신과 같은 이민자들을 착취했다(p.54). 이렇게 억압받는 소수민족 내부에서도 여전히 작동하고 있는 권력관계를 읽어낼 수 있게 해주는 것은 화자의 "합리적인 눈"이다. 그러나 이 "눈"은 동시에 아버지가 높은 수준의 유학자라고 말하면서 한국 전통 문화의 일부를 이루는 유교를 가족주의로 축소하고, "가족의 중심으로서 아버지는 언제나 존경받아야 하고, 자식들은 노예처럼 그의 명령에 완벽하게 복종해야 하며, 아버지의 말씀이 곧 진실이 되어야 하는 서열의 문제"(p.7)로 만들어버림으로써 주류문화의 한국문화에 대한 편견을 더 강화하는 번역이 되기도 한다.

헨리가 존 광에 대한 보고서를 작성하는 것 역시 이러한

"합리적인 눈"을 통해서 시작된다. 그러나 광을 만나기 이전까지는 그리고 광을 만난 이후에도 일정기간 동안 그는 이 "합리적 눈"의 한계를 인식하지 못한다. 헨리의 아버지가 미국사회에 끼치는 영향은 정말로 미미하고 무시할만한 수준이기 때문에 아버지가 한국 최고의 대학을 나온 인물이고, 한국계 미국사회 속에서 비교적 성공적으로 정착한 소수민족 출신의 인물이라 하더라도 미국사회는 그에게 거의 주목하지 않는다. 아버지가 구현하는 한국문화가 고귀한 가치를 지닌 것이든 오점이 많은 문화이든 주류문화의 편에서 볼 때는 별 상관이 없다. 아버지와 같은 인물들은 사회적으로 "보이지 않는"(invisible) 사람들이며 정치적으로 아무런 역할을 하지 못한다.

하지만 존 광은 다르다. 그는『네이티브 스피커』에서 유일하게 말할 수 있는 주체다. 미국 사회에 거의 완전히 동화되지 못했다면 그 역시 말할 수 있는 주체가 될 수 없었을 것이다. 번역으로 보면 그는 가장 자연스럽고 유창한 번역의 구현자라고 할 수 있다. 따라서 미국의 정치권은 광의 행위를 일거수일투족에 주목하고 헨리와 같은 출신이 유사한 사람을 통해 그를 번역해서 보고할 것을 종용한다. 이것은 그가 소수민족 출신 중 미국 사회에 영향력을 행사할 수 있는 인물이기 때문이고, 그렇기 때문에, 그는 말을 할 수 없는 수많은 한국계 이민자보다 훨씬 더 위험한 인물이기도 하다. 광을 처음 만났을 때 헨리의 눈에도 광은 가장 성공적으로 미국문화에 동화된 인물로 보인다. 그는 첫 번째 시의원으로 선출된 아시아계 미국인으로 무엇보다 "아름답고 형식미를 갖춘 영어"(p.23)를 구사하고, 자수성가한 사람이자, 마이너리티의 이상적 모델로서 현재 뉴욕시장에 출마하기 위해 준비하고 있는 완벽한 미국인이다.

헨리의 눈에 광은 처음에 한국계 이민자들을 희생시켜서라도 자신의 정치적 야망을 실현하기를 원하는 인물로 보였다. 몇 달 전에 산 시계가 고장이 났다는 이유로 환불을 요구하는 흑인 손님과 실랑이를 벌이고 있는 한국계 이민자의 가게에서 시의원이라는 권력을 이용하여 훨씬 더 좋은 시계로 교환해주도록 중재하는 광의 모습이 그것이다(pp.184-87). 그는 흑인 손님이 가버리고 난 후, "우리에게 좋은 것은 그 흑인에게도 좋은 것이다"(p.187)라고 말하지만, 이 때 헨리는 그 말의 진정한 의미를 이해하지 못한다. 헨리가 알고 있는 모든 것은 13.99달러짜리의 석영시계를 공짜로 주었을 때, 그 한국계 상인이 잠을 줄여가며 '얼마나 자주, 그리고 얼마나 더 늦게까지 가게 문을 열어놓아야만 그 만큼의 손해를 복구할 수 있는가'라는 생업과 연관된 문제에 광이 대처하는 방식이 너무나 정치적으로 보였기 때문이다. 한국 이민자의 가게에 무단으로 들어와 주인을 죽인 살인자는 모두 흑인이었고, 아버지도 구사일생으로 살아난 적이 있었다. 아버지의 말씀에 의하면 브롱크스에서 아버지가 가게를 열고 흑인을 고용했을 때도 그들은 지각을 하거나 아예 출근을 하지 않았으며, 출근을 해도 과일이나 맥주 팩을 친구들에게 넘기는 일이 허다했다. 그래서 아버지는 그들을 고용하지도 않았고 그들이 손님으로 올 때조차 검은 얼굴은 불편이나 골치 아픈 문제, 혹은 죽음의 위협을 의미했다. 그래서 존 광이 목격한 흑인 손님과 같은 경우 아버지는 존 광이 원하는 식으로 흑인을 배려해준 적은 결코 한 번도 없었다.

아버지와는 달리, 존 광은 자수성가한 백만장자였지만, 포덤대학 경영학 석사학위와 법학 박사학위를 가지고 있었으며, 변호사 자격증도 가지고 있었다. 이러한 광의 이력은 헨리에게 "시장선거에 도전해보고자 하는 그의 정치적 야망 때문에”(p.183) 취득한 간판 정도로 이해된다. 가능한 한 객관적이고 합리적이고자 하는 헨리의 눈에조차 광은 대단히 정치에 능한 사람이었고, 현직 시장 데 루스에 대항하기 위해서 한국계와 새로 온 이민자들, 동남아시아인들, 인도계, 남미계, 카리브해와 서인도 제도의 흑인들을 자신의 지지자로 만들기를 원하는 사람에 불과했다. “사람들과 한마디라도 나누어라. 열 개의 다른 언어로 광은 당신과 같은 사람입니다. 당신도 미국인이 될 것입니다 라고 말하라”(p.143)라는 선거 캠페인 구호 역시 이러한 광의 정치적인 면에서 생겨난다고 헨리는 생각한 것이다. 헨리는 존 광의 정치에 능한 모습을 보고서 “당시에는 내가 가장 엄숙한 겸손을 본 것인지 오만을 본 것인지 알 수가 없었다”라고 기술한다(pp.147-48).

다른 한편, 헨리는 광을 좀 더 가까이에서 지켜보게 되면서, 광이 완벽함과는 거리가 먼 사람이라는 것을 발견한다. 정치적으로 위기에 몰리자 “그의 목소리가 갈라지고 심지어 그의 말에 외국어 억양이 섞였고”(p.294), 때로는 아내에게(p.145), 때로는 셰리(Sherrie)라는 애인에게 뺨을 때리는 등 폭력을 휘두르기도 한다(p.309). 설상가상으로 그는 그에게 추방명령이 내려지기 직전엔 음주운전을 해서 한국계 매춘부를 교통사고로 중상을 입히고 책임을 회피하기도 했다(p.322). 사실 존 광의 성공은 아버지와 비교되지 않을 정도로 극적이었지만, 극적인 성공 못지않게 그는 극적으로 파멸한다. 정치적으로 몰락하는 과정에서 그가 보여주는 모습은 유교적 가부장제를 등에 업은 파렴치한의 모습 바로 그것이다. 하지만 이러한 광에 대한 인상은 그를 보다 더 이해하게 되면서 다시 쓰인다.

헨리가 광의 삶 속에 깊숙이 들어가면 들어갈수록 광은 대단히 인상적이며, 특히 그가 연설하는 모습은 대단히 미국적임에도, 미국적으로 보이는 것이 아니라 "적어도 어떤 평판을 가지고 사는 이상적 한국인의 모습"(p.304)으로 보인다. 그는 강하고 또렷한 목소리로 말을 하며 연단과 무대를 성큼성큼 걸어 다닌다. 청교도처럼, 차이나맨처럼, 그리고 그 둘 사이에 배를 타고 온 모든 사람들처럼 그 언어를 말하는 것을 두려워하지 않는다. 나는 그런 순간에 그가 가장 감동적이고 아름답다는 것을 알았다(p.304).

존 광이 보여주는 이상적 한국인의 모습은 아름답고 완벽한 영어를 구사할 수 있는 동화적인 면모 속에서만 드러나는 것이 아니라, 그의 약점 많은 한국성과 죽기보다 훨씬 더 힘들었던 그의 몰락하는 모습 속에서도 구현되고 있다. 헨리는 광을 이해하기 시작하면서 광에게 과거 속에 고정되어 있는 어떤 것으로서의 한국은 아무런 의미가 없다는 것을 알게 된다. 사실 헨리가 광을 온전히 이해하게 되는 순간은 소설의 마지막 부분에서 광의 한국 문화의 재번역이 기존 문화에 균열을 내고 주류의 저항에 부딪혀 그가 정치적으로 몰락하는 것을 목격하는 순간이다. 이 순간 헨리는 번역가로서 준수하고자 했던 "합리적인 눈"은 겉만 번지르르한 포장에 지나지 않는다는 것을 깨닫는다.

우선 헨리는 아버지가 그토록 소중히 여겼던 한국의 가족 개념이 광에게서 깨어진다는 것을 발견한다. 아버지는 가정적인 남자였고, 한국식인 동시에 구식이었기 때문에 제도를 소중히 여기고 존중했다. 이런 종류의 가족 개념은 아버지가 말하는 가족주의와 다르지 않아 보인다. 하지만 헨리는 이것은 "진실의 반만을 말하는 것"(p.146)에 불과하다는 것을 인정한다. 광은 구한말을 거쳐 일제의 억압과 착취로 단지 나의 가족의 안위와 혈연 중심의 공동체로 축소되어버린 유교적 가족주의에 안주하지 않았기 때문이다. 광은 유교에서 유래하는 가족의 개념을 그 뿌리부터 다시 번역한다. 그에게 가족은 혈연만이 아니고, 한인들의 공동체만으로 한정되는 것도 아니다. 그의 선거구민 지역주민까지 포함해서 그가 맺는 모든 관계를 "가족"로 규정한다. 그는 그의 사무실에서 밤낮으로 일하고 있는 우리의 손을 잡고서 "한국어로 우리 집(Oo-rhee-jip)이라고 말했다. 우리의 새 삶을 말이다"(p.146). 그는 가족이라는 순수한 관념도 사랑했으며, 그것은 "혈연과 아무런 관계가 없었다"(p.146). 그의 가족 개념 속에는 아직 시민권을 획득하지 못한 사람들, 무국적자 등의 말할 수 없는 하위자(subaltern)까지도 포함된다. 그들은 헨리의 어머니나 아줌마와 같이 목소리도 없고 영어를 제대로 말하지도 못한다. 5-6명의 택시기사가 거의 두 달에 걸쳐 연속적으로 살해당한 사건이 발생했을 때, 당시 미국의 정치가들 중 그 택시기사들을 대변하는 사람, 그렇게 하고 싶어 하는 사람도 없었다. 왜냐하면 그들은 최근에 이민 온 라트비아인, 자메이카인, 파키스탄인 등등으로 서로 힘을 모아서 저항하는 법도 몰랐고 어떻게 정치적 저항을 해야 할 지도 모르는 사람들이었기 때문이다. "백미러에서 흔들리는 고국의 장신구, 염주, 조개껍질, 놋쇠문자, 아이를 찍은 흐릿한 스냅 사진, 충혈 된 눈"(p.26)만이 그들의 공통점을 말해주고 있을 뿐이었다.

하지만 광은 그들을 한국 전통문화의 "가족" 개념을 적극적으로 재번역함으로써, 주변인과 유색인종을 한국적 가족 개념 속에 포함시키고자 했다. 물론 이 번역의 과정에서 "혈연 중심의 공동체"라는 가족의 원래적 개념은 깨어진다. 그러나 원본 문화의 경계가 재설정됨으로써, 우리/그들의 이분법이 무너지고, 자민족의 경계가 다시 그어진다. 그러나 이것은 한국적 가족 개념의 파괴가 아니다. 이것은 가족을 단순히 혈연공동체가 아니라 왕을 정점으로 해서 전체 민중을 제사공동체로 포섭하고자 했던 동양문화와 공명하고 있기 때문이다.

헨리는 한국문화 자체를 미국 속에 다시 쓰기를 원하고 있다. 그가 한국의 전통 문화의 일부인 "계"(ggeh)를 급진적으로 재번역하는 것도 이와 맥락에 있다. 그에게 "우리 집"의 단순한 규칙이 "진실한 충성"(p.277) 이었듯이 "계"의 핵심은 구성원들의 책임감과 상호 신뢰이다. "매주 정한 액수의 돈을 내고, 자기 차례가 되는 주에 모은 돈을 모두 갖는 것"(p.51)이기 때문에 계는 "계원들이 서로 잘 알고, 구성원이 자기 차례가 온 뒤에도 달아나거나 빠지지 않을 것이라고 믿기 때문에 유지된다"(p.279). 이러한 계의 정신을 살려서 광은 그것을 한국 민족이라는 테두리 밖에서도 작동할 수 있는 온정적 체계로 만들기를 원했다. 그것은 한국의 전통문화를 다른 공간에 옮겨놓은 것이지만, 한국인들만의 배타적 체계로서의 계가 아니라, 목소리를 낼 수 없는 수많은 이민자들도 동시에 포용할 수 있는 체계였다. 그는 그것을 하나의 서구적 정치 체계인 민주주의가 아니라, 한국어로 번역된 민주주의가 가지고 있는 문자 그대로의 의미에서 民이 주가 되는 체계로 만들기를 원했던 것이다. 그는 시의원으로서 그가 소속하고 있는 지역의 대표자이자 대변자였지만, 한국문화의 산물인 "계"의 급진적 재번역을 통해 대변과 대표(representation)의 체계가 포섭하지 못하는 틈새, 한국계 미국인보다 더 주변에 위치하고 있는 사람들에게 출발점을 제공해주고자 했다.

이러한 광의 한국문화의 급진적 재번역은 다시 헨리에 의해 번역되고, 주류 문화에 의해 또 다시 전유된다. 즉 헨리에 의해 번역된 존 광의 계는 언론을 통해 사설은행이라고 보도

된다. "이 모임은 사설 은행과 같아서 회원들에게 주기적 이자와 원금을 준다. 이 모임은 어떤 금융위원회에도 등록되지 않았으며, 세무당국에도 신고하지 않았다"(p.329)고 보도된다. 또한 데니스 호그랜드와 언론에게 계는 "마피아조직과 유사한 불법 활동"으로 간주된다(p.334). 그러나 이러한 정치권과 주류 언론의 전유에도 불구하고 헨리는 계가 불법이 아니라는 것을 알고 있었다.

아마도 광이 마음만 먹었다면 그 중 비합법적 이민자를 찾아서 그의 계 조직에서 탈퇴시키는 것은 가능했을 것이다. 하지만 광의 목표는 미국 땅에서 살고 있는 모든 사람을 단 한 명의 예외도 없이 '미국인'으로 만드는 '보편'의 실현이며, 미국 땅에서 살고 있지만 미국인에 포함될 수 없는 주변인들을 '구원'하고자 하는 데 있었다. 그러나 존 광의 신념은 정치권에 의해 완전히 잘못 번역되고 오용되었다. 그의 계원들 중 극히 일부만이 불법 이민자였지만, 불법 이민자들로 인해 자신들이 실업자가 되었다고 믿는 시위자들(대부분이 백인이고 남자이다)은 광을 "밀입국 주선자"라고 불렀고, "미국인을 위한 미국"이라고 적혀있는 피켓을 들고 광의 집 앞에 모여 들었다. 마침내 헨리는 이러한 일련의 사태 앞에서 자신이 한 일, 자신이 합법적이고 합리적인 눈을 통해 사실만을 전달하기 위해 쓴 보고서가 어떻게 해석되고 번역되고 전유되며 유통되며 퍼져나가는지를 목격한다. 존 광이 하는 말이나 행동은 무엇이 되었건 칭찬을 들을 수가 없었다. 어느 한쪽에 대한 동정은 곧 다른 쪽에 대한 편견이 되었다.

뉴욕에 생겨나는 수많은 범죄들과 과중한 세금으로 현직 시장인 드 루스에게 사람들이 등을 돌리고서 존 광이 도시의 질병에 가장 효과적으로 맞설 수 있는 새로운 얼굴이자, 급속하게 변하는 주민의 요구를 잘 이해할 수 있는 정치가로 대중들에게 각인되기 시작했기 때문에 광에 대한 음해와 음모가 시작되었다는 것을 헨리는 알고 있었다. 하지만 그를 함정에 몰아넣기 위해 발생하는 모든 사태 앞에서 광은 집요하고 고집스럽게 침묵을 지킨다. 광은 "내가 무슨 말을 하던 그것을 인종문제로 만들어버릴 거야" (p.274)라고 말한다.

그러나 광은 말은 통제하기 어렵지만, 침묵이 더 통제하기 어렵다는 것을 알지 못했다. 그의 침묵은 죄를 인정하는 것으로 받아들여졌다. 그 순간 그는 더 이상 아무도 대표할 수 없고 아무 것도 표상할 수 없는 사람이 된다. 다시 말해 주류 미국 문화권에서 말하지 않는 것은 죄를 숨기기 위한 침묵주의로 연결되거나 혹은 말할 수 있는 지적 능력의 결여 이 두 가지의 의미밖에 지니지 못하는 것이다. 침묵이 강조된 것은 말이 '숨어있는 이해관계를 위한' 겉치레이며, 발화자에서 출발하여 한 청자에게 그리고 또 다른 청자에게 전파되는 과정에서 각자의 입맛에 맞도록 변형되고 변질되는 속성을 가지고 있기 때문이다. 말의 이러한 속성은 광의 "계모임"의 순수성이 왜곡되어 전달되는 방식에서도 잘 드러나며, 광의 유창했던 말이 갑자기 어눌해진 까닭(p.297)도 그가 말보다 침묵을 강조한 공자의 가르침을 체화하고 있었기 때문이다. 그래서 정치적 몰락을 가속화시킨 결정적 계기가 된 사건(에두아도르가 머물고 있었던 사무실이 테러를 당한 사건)이 발생하자, 에두아도르가 스파이라는 것을 알고 있었음에도 불구하고, 광은 침묵했다. 그것은 그가 무슨 말을 하든 그 말이 정치적 이해관계에 따라 변질되어갈 것이라는 것을 그가 알고 있었기 때문이다(p.274). 그러나 문제는 그의 침묵이 과거의 장소와 과거의 시간 속에 머물러 있는 한, 언론에 의해서 "범죄의 인정"으로 번역되는 것을 막을 수 없다는 데 있다. 언론과 행정당국은 광의 사무실에 폭탄을 던진 사람이 누구인지를 밝혀내는 것 대신에 대학생인 에두아도르가 비싼 월세를 내어야 하는 아파트에 살고 있었는지, 광이 운영하는 계의 계원 중 불법 이민자가 있다는 것, 그리고 그 계가 불법적인 사설 체계라는 것으로 여론을 몰아간다. 침묵은 한국을 포함한 동양 고유의 문화로 이러한 정치적 이분법을 넘어서기 위한 것이지만 침묵을 단순히 말을 하지 않는다는 것으로 옮기는 것은 일상 언어의 벽 속에 갇히는 것이다. 그에게 필요한 것은 사건의 주체가 될 수 있도록 침묵이 선언으로 반드시 거듭나야 했다.

(3) 이창래 소설 『네이티브 스피커』의 두 문화와 인종 간의 갈등과 공간의 문제

다음 글은 미국 내의 문화와 인종 간의 갈등의 문제를 공간이라는 개념을 중심으로 접근한 것이다. 동국대학교 Dae-Joong Kim이 쓴 논문, "Globalized Racial Space in *Native Speaker*"에서 중심적인 내용을 추출하여 재정리했다(21세기 영어영문학회, 『영어영문학21』 제26권 1호). 이 소설의 번역본으로 정영목이 옮긴, 『영원한 이방인』(서울: 나무와 숲, 2003)이 있으며, 원서는 Chang-rae Lee, *Native Speaker*(New York: Penguin Group USA Inc., 1995)이다.

> Racial segregation on social space is one of the most critical themes in *Native Speaker* written by Chang-Rae, a Korean American writer. In this novel, Henry Park, a Korean American who immigrated to the U.S. when he was young, has recently lost both his biracial son and

his father. The central event in the novel is the death of Henry's biracial son - Mitt. Before the accident, Henry, Lelia, and Mitt went to suburbia because "The city, of course, seemed too dangerous." Ironically, the suburbia where his father lives in peace turns out to be a more dangerous space because of white kids who threaten Mitt calling him "a chink, a jap, a gook," and eventually kill him a dog-pile. Arguably, this reflects ideological segregations within social spaces in New York. The urban space is segregated according to class, ethnic, or gender politics. Not a single space can be exempted from these urban politics. Henry and Lelia's thought that suburbia is safe is wrong. Every space is social space and rational space. Henceforth, *Native Speaker* shows how racial segregation in the form of Korean enclave is created by Henry's father and other Korean immigrants and how John Kwang, a Korean American politician, tries to establish a pan-ethnic community to overcome the limit of Korean enclave and urban politics as well as how his utopian project fails. Also the novel shows how the cultural difference and differential racism function in globalized racism mediated by dialectic relations of private, public and social spaces.

Chang-Rae Lee's *Native Speaker* shows racial topography of Korean American space through two stages - Henry's father's family space structured by Korean family system mediated by his beliefs in capitalism and citizenship and Kwang's utopian, pan-ethnic social space. In globalized space, immigrants turn into bare lives. Racism cannot be played out in that racial utopia always already embeds dystopian racism. Color-blind society, multiculturalism or cultural difference becomes a postern modern jig that hides desperate outcry of people crossing borderlines. Racism

> cannot be erased from any social space in the U.S. Dystopian vision also embeds a 'not-yet' utopia where all social spaces not just in the U.S. but in the world become immunized from racial segregation and violence permanently. Immigrants and migrants constantly become new victims of xenophobia under the auspice of differential racism and cultural difference within the global space.

위의 요약문 내용에 설명된 것처럼 다양성을 특징으로 하는, 다문화와 다인종 사회인 미국 내에서 인종적, 문화적인 차이와 차별, 갈등의 문제를 공간의 주제와 연관시켜 접근해 본다면 미국문화에 대한 흥미로운 이해를 얻을 수 있을 것이다. 공간 혹은 장소는 단순히 물리적인 차원에 머무는 것이 아니라 그곳에서 살아가는 주민들의 삶이 오랫동안 쌓이고 겹쳐지며, 이어지고 반복되어짐으로써 어떤 지속성을 지닌 문화와 관습이 생성되게 하고 보존되도록 한다. 이러한 관점에 입각하여 미국 문화와 미국 사회의 공간적 특성을 주목한다면, 다양성을 기반으로 삼는 다문화적 다인종적인 미국 사회와 문화를 보다 더 현실감 있고 입체적으로 이해할 수 있을 것이다.

참고문헌

Chung, Kyung Cho, Phyllis G. Haffner, & Frederic M. Kaplan. *The Korea Guidebook: A Comprehensive Guide to the Republic of Korea*. New York: Harper & Row Publishers, Inc., 1990.

Covell, Alan Carter. *Folk Art and Magic: Shamanism in Korea*. Seoul: Hollym International Corp., 1986.

Eckert, Carter J., Ki-baik Lee, Young Ick Lew, Michael Robinson, & Edward W. Wagner. *Korea Old and New: A History*. Seoul: Yonsei University Press, 1990.

Ember, Carol R. & Melvin Ember. *Cultural Anthropology*. Prentice Hall International, Inc., 1988.

Forster, E.M. *A Passage to India*. Harmondsworth, Middlesex: Penguin Books Ltd., 1983.

Freud, Sigmund. *Civilization and Its Discontents*. New York: W. W. Norton & Company, 1961.

Ha, Tae Hung. 1970. *Tales from the Three Kingdoms*. Seoul: Yonsei University Press, 1952.

Hall, Edward. *The Silent Language*. Greenwich, Conn.: Fawcett Publications, Inc., 1959.

Han, Suzanne Crowder. retold. *Korean Folk & Fairy Tales*. Seoul: Hollym International Corp., 1991.

Han, Woo-keun. trns. by Lee Kyung-shik, ed. by Grafton K.Mintz. *The History of Korea*. Seoul: The Eul-Yoo Publishing Company, 1970.

Hudson, R. A. *Sociolinguistics*. Cambridge: Cambridge University Press, 1980.

Hunt, Patricia & Junghun Ahn. *Cross-Cultural Training*. Institute of Language Research & Education, Pusan National University, 1992.

Khare, R. S. "The Other's Double - The Anthropologist's Bracketed

Self: Notes on Cultural Representation and Privileged Discourse" in *New Literary History*. Vol.23. No.1. Charlottesville, Virginia: The Univ. of Virginia, 1992.

Kim, Dae-Joong. "Globalized Racial Space in Native Speaker," 21세기 영어영문학회, 『영어영문학21』 제26권 1호.

Klopf, Donald W. & Myung-Seok Park. *Cross-Cultural Communication: An Introduction to the Fundamentals*. Seoul: Han Shin Publishing Co., 1982.

Knepler, Henry, Myrna Knepler & Kathleen Kane. *Crossing Cultures: Readings for Composition*. New York: Macmillan, 1991.

kwangju Biennale Foundation. *Beyond the Borders: Intrnational Exhibition of Contemporary Art, The First kwangju Biennale*. Seoul: Life and Dream, 1995.

Landers, Ann. "Ann Landers Column," *The Korea Herald*. 1994.

Lawrence, D.H. *The Rainbow*. Harmondsworth, Middlesex: Penguin Books Ltd., 1977.

Lazar, Gillian. *Literature and Language Teaching: A guide for teachers and trainers*. Cambridge University Press, 1993.

Lee, Chang-Rae. *Native Speaker*. New York: Penguin Group USA Inc., 1995.

Levine, Deena R. & Mara B. Adelman, *Beyond Language: Cross-Cultural Communication*. White Plains, NY: Prentice-Hall, Inc., 1993.

Malinowski, Bronislaw. *Sex and Repression in Savage Society*. London: Trubner & Co., Ltd., 1927.

Marquardt, William F. "Literature and Cross-Cultural Communication," *English Teaching Forum Vol. xiii* Nos. 3 & 4, 1975.

Marsella, Anthony J. & Paul B. Perdersen ed. *Cross-Cultural Counseling and Psychotherapy*. New York: Pergamen Press, 1981.

Maugham, W. Somerset. '*Red*' *Collected Short Stories Volume 4*. Harmondsworth, Middlesex: Penguin Books Ltd., 1966.

McSwain, Mary & Bonnie Morihara. *Listen & View*. 서울: 문진당, 1995.

Rivers, Wilga M. *Teaching Foreign-Language Skills*. Chicago: The

Univ. of Chicago Press, 1968.

Saccone, Richard. 1993. *Koreans to Remember: 50 Famous People Who Helped Shape Korea*. Seoul: Hollym Co. 1993.

Saccone, Richard. *The Business of Korean Culture*. New Jersey: Hollym International Corp., 1994.

Seo, Kyung-bo. published year unknown. "*A Study of Korean Zen Buddhism Approach Through Chodangjip*." Ph.D. Dissertation, The Temple University.

Shahane, Vasant A. York Notes on A passage to India by E.M. Forster, Longman York press: Harlow, Essex, 1982.

Spack, Ruth. *Guidelines: A Cross-Cultural Reading / Writing Text*. New York: St Martin's Press, 1990.

Spear, Hilda. *York Notes on The Rainbow* by D.H. Lawrence. London: Longman Group Ltd., 1980.

Steinberg, Danny D. *Psycholinguistics: Language, Mind and World*. New York: Longman Inc., 1982.

Tanka, Judith and Paul Most. *Interaction one: A Listening! Speaking Skills*. New York: The McGraw-Hill Companies, Inc., 1996.

The East-West Center. *New Comer's Handbook*. Honolulu Hawaii, 1995.

The Korea Herald. Reader's Forum, *The Korea Herald*, 1992.

The United Korean Society of Hawaii. *The Korean Directory of Hawaii*, 1996.

Ven. Master Choi, Hye Am. ed. & trns. by Myo Bong Shin. *Gateway to Son(Chan)*. Seoul: Doksung Chonglim, 1984.

경남중고등학교 동창회보 제394호.

김명혜 역. 윌리엄 윌못. William W. Wilmot. 『인간 커뮤니케이션의 이해』(*Dyadic Communication*). 서울: 나남출판사, 1966.

김성곤, 정정호 옮김. Edward W. Said. 『문화와 제국주의』(*Culture and Imperialism*). 서울: 도서출판 창, 1995.

김여훈. 'A passage to India에 관한 소고' 동의공업대학 논문집 제 25집. 1999.12.

박권상. 『미국을 생각한다』. 서울: 동아일보사, 1986.

______. 『영국을 생각한다』. 서울: 동아일보사, 1985.

박상배, 김성곤 편집. 『외국문학』. 서울: 열음사. 봄 제 12호, 1987.

박수정. '이창래 소설의 백인성의 신화와 해체,' 부산대학교 대학원 박사학위청구 논문, 2010. 2.

배두본 외. 영어교과서 『Middle School English 1』. 서울: ㈜ 미래엔, 2013.

일간지 신문. 조선일보, 부산일보, 국제신문. 2012-2013.

李佳炯 譯. Arnold, Matthew. 『教養과 無秩序』(*Culture and Anarchy*. 서울: 博英社, 1976.

李重漢, 金文煥. 『문화 촉매 운동론』. 서울: 현암사, 1987.

李恒儀. 『방송교육론』. 서울: 열화당, 1976.

이홍우 외. 『한국적 사고의 원형 - 그 원천과 흐름』. 서울: 한국정신문화연구원, 1988.

정혜욱, "한국계 미국소설에서 민족의 번역: 이창래의 『네이티브 스피커』를 중심으로," 『새한영어영문학』 제49권 4호, 2007.

조일제. 『한국과 세계를 잇는 문화소통』. 서울: 한국문화사, 1999.

㈜ 미래엔 영어교과서, *Middle School English 1*, 2013.

코리아 헤럴드사. "영어학적으로 본 양키문화의 실체"(해설판). 『코리아헤럴드』, 1992.

최순우. 『무량수전 배흘림 기둥에 기대서서』. 서울: 도서출판 학고제, 1994.

최현욱. "영어교육을 위한 한.미 문화의 비교", 부산대학교 사대 논문집 제23집. 1991.

______. 『영어교육과 실제』. 서울: 한국문화사, 1992.

퇴계학 연구원. 『국역 퇴계전서 5』. 서울: 驪江出版社, 1990.

한미야. "미국화와 다문화주의 — 『나의 안토니아』 : 다문화적 미국에의 전망" 『현대영미소설 』 제19권 2호, 2012.

韓完相 譯. 말리노프스키. 『未開社會의 性과 抑壓』. 서울: 三省出版社, 1977.

찾아보기

【인명색인】

【용어색인】

저자소개

조일제

· 부산대학교 사범대학 영어교육과 교수
· 부산대학교 사범대학 영어교육과 졸업, 동대학원 영문학 석사, 박사
· 영국 Univ. of Nottingham 객원교수
· 미국 Fordham University 및 Univ. of Hawaii 객원교수
· 부산대학교 국제교류교육원장
· 부산대학교 교육대학원 부원장
· 부산대학교 총학생회 지도교수
· 교과부 한국연구재단 우수인력양성대학 교육역량강화사업 컨설팅·성과평가 위원
· 부산녹색연합 창립위원, 운영위원, 자문위원
· 한국로렌스학회회장, 부회장, 편집이사, 총무이사
· 새한영어영문학회 부회장, 총무이사, 편집위원장
· 한국영어영문학회 상임이사, 감사
· 부산대학교 평생교육원 어린이영어지도자교실/TESOL INTERNATIONAL CLASS 주임교수
· 사회적 기업 I LANG 자문위원

〈저서〉

· D.H.로렌스 문학연구 (1995 한국문화사)
· 원초적 실재의 탐색 - D.H.로렌스 문학과 어둠의 자아 (1995 신아사)
· 한국과 세계를 잇는 문화소통(1998 한국문화사)
· D.H.로렌스 문학 연구의 고대적, 동양적 접근(2000 우용출판사)
· 영국문화의 이해와 탐방: 영어교육을 위한 문화정보(2000 우용출판사)
· 영국문학과 사회(2001 우용출판사)
· 영어로 진행하는 영어수업의 교실영어와 수업모형(2001 우용출판사)
· 타자의 타자성과 그 담론적 전략들(2004 부산대학교출판부, 공저)
· 틈새공간의 시학과 실제(2005 부산대학교출판부, 공저)
· 물질·물질성의 담론과 영미소설 읽기(2007 도서출판 동인, 공저)
· 채털리 부인의 사랑: 성스럽고 경이로운 성의 체험(2006 삼림출판사)
· 창의성 개발을 위한 활동중심 독서지도법(2006 한국문화사)
· 창조적 생명의 실현(2008 한국학술정보)
· 영어로 진행하는 대학 강의 지침서(2008 부산대학교출판부, 공저)

· 영어교육을 위한 영어문학텍스트 활용법(2009 우용출판사)
· 영어 산문 텍스트의 문체론적 분석(2010 한국문화사)

〈역서〉

· 영어교사를 위한 영문학 작품 지도법(1997 한국문화사)
· 외국어 교사를 위한 언어습득론(1999 한국문화사)
· 학습자 활동 중심의 (영)시 지도법과 언어교육(2005 한국문화사)
· 한영대역 불교성전 THE TEACHING OF BUDDHA(2005 보진재)
· 그림을 활용하는 외국어 학습법(2010 한국문화사)

〈수상〉

· 제45회 눌원문화상(2009 인문과학 부문)

국제문화소통과 글로벌 영어

2016년 2월 19일 초판 2쇄 인쇄
2016년 2월 27일 초판 2쇄 발행

저자 / 조일제
발행인 / 고우용
발행처 / 도서출판 서훈
등록일 / 1997년 11월 25일
출판등록 / 제 1997-000139호
주소 / 서울특별시 마포구 망원1동 338-53
전화번호 / 02)324-6577
팩시밀리 / 02)324-6177
정가 / **17,000**원

ISBN / 978-89-6249-080-0

www.choolpansa.com